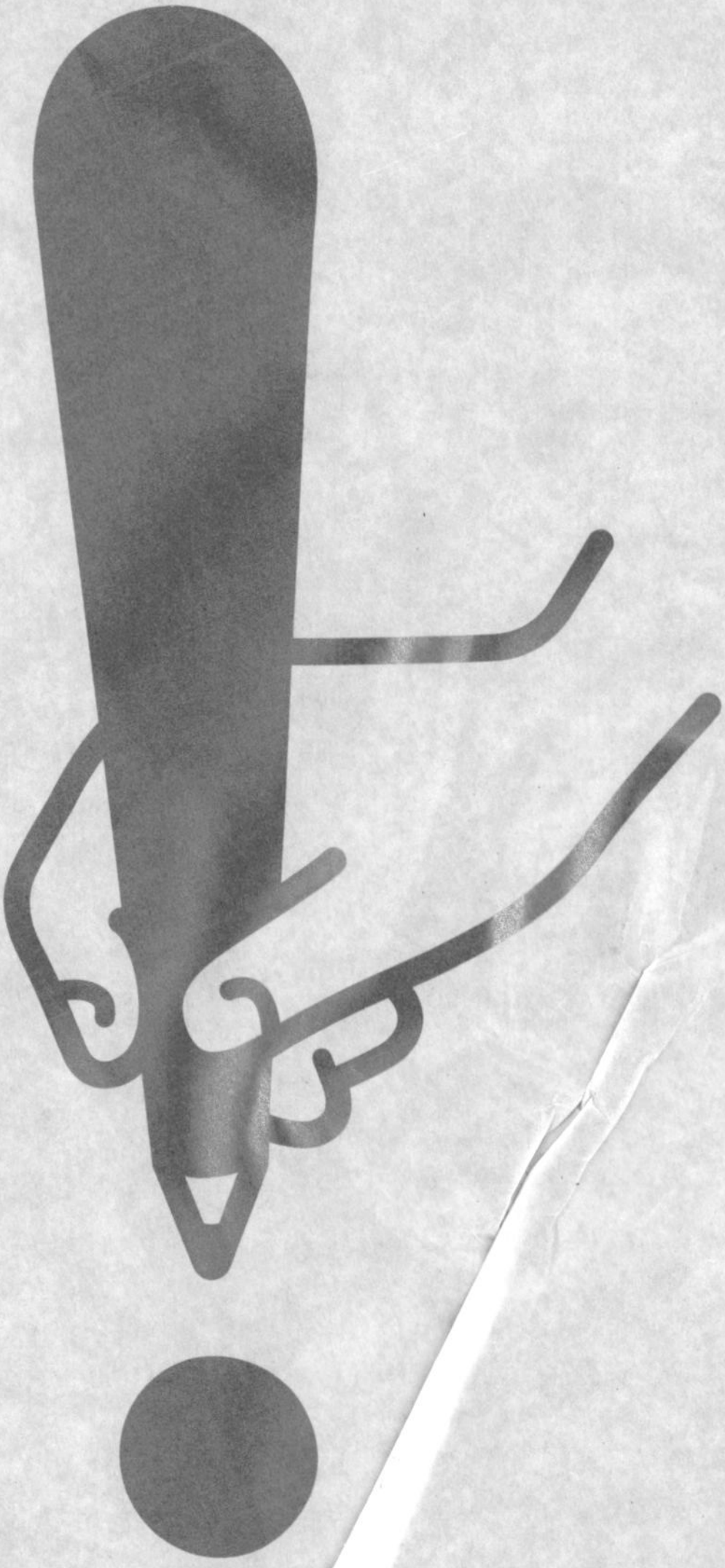

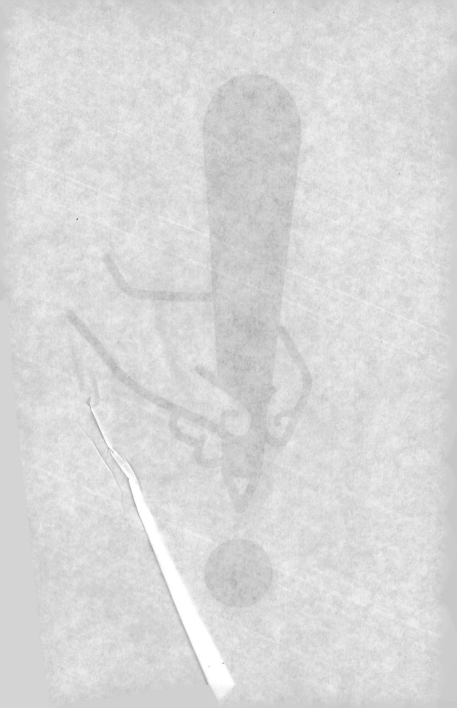

1冊で

ゼロから達人になる

「書く力」の教室

直塚大成　田中泰延

SB Creative

教える人

田中泰延

たなか・ひろのぶ

ライター。1969年大阪生まれ。早稲田大学第二文学部卒。1993年株式会社 電通入社。24年間コピーライター・CMプランナーとして勤務。2016年退職、「青年失業家」を自称し、ライターとしての活動を開始。2019年、初の著書『読みたいことを、書けばいい。』（ダイヤモンド社）を刊行。2020年、出版社・ひろのぶと株式会社を創業。2021年、著作第二弾『会って、話すこと。』（ダイヤモンド社）を上梓。

X（旧・Twitter）: @hironobutnk

教わる人

直塚大成

なおつか・たいせい

長崎県長与町出身。九州大学大学院修士2年。2022年、ライター志望者に文章術を教える書籍『「書く力」の教室』(SBクリエイティブ)のオーディションに応募。総勢67名の応募者の中から合格者として選ばれる。

X(旧・Twitter):@taisei_box0214

はじめに

ある日、私はSBクリエイティブの編集者、小倉碧《みどり》さんにこう言われました。
「田中さん、ライターになりたい人のための本は書店にたくさん並んでいますよね？　でも、『文章の書き方』のメソッドをいくら学んでも、ライターという仕事に『就職』することはむずかしいとは思いませんか？『ライター』という職業の実際はどのようなものか？　どうやって仕事を遂行し、どれくらいお金がもらえるか？　そんな『書く仕事』の全プロセスを教えてくれる本はありませんよね？」

思いませんか？　とか、ありませんよね？　とか言われましても困ります。小倉さんとは初対面です。別の言い方をすると、初めて会います。もっと言うと、知らない人です。しかし、私は小倉さんの話を聞きながら、徹底的に仕事としてのライターの手順を語り、お金の話も避けずにはっきり伝える「隠し事のない書く仕事の本」、そういう本もありではないか？　と思い始めていました。

私は以前、『読みたいことを、書けばいい。』（ダイヤモンド社）を上梓しました。「人生が変わるシンプルな文章術」を副題にしたその本は、文章術と謳《うた》いながら、じつのところメソッドではなく、「根本的な心構え」を語る一冊でした。その先を示す。それも、超具体的に。それが本書『「書く力」の教室』です。

この本は、ライター志望のどなたか一人に対して解説する講義形式にしたい。ですが、世の中には架空の登場人物による「対談風講義本」があふれています。それでは真剣な講義にならない。本気でライターを目指す実在の人物に、ガチンコで教える本があってもいいじゃないか。私たちはそう考えました。

「私たち」と言いましたが、そうです。本書は「チーム」で作ります。こんな本を作りたいと構想した編集者・小倉碧さん。膨大な時間になるであろう口頭での講義を文章化するプロのライター・福島結実子さん。そして講師役・田中泰延。この3名で、「生徒役」を務めてくださる「共著者」を募りました。

一人の生徒に「ライターとして生きていく術」を伝授し、その教えと学びの過程そのものを書籍化する。その選考のための作文を募集したところ、67名もの方がご応募くださいました。

みごと合格されたのが、九州にお住まいの大学院生、直塚大成さんです。

直塚さんにはライターとしての経験はまったくありません。でも、書くことは好き。なにより、応募作には勢いと熱意がありました。「チーム」の一員となった彼に、私がまがりなりにも文章を書くことで生活してきた方法論と、姿勢を伝えたい。

この本は、

ライターという職業に就きたい方

すでにライターだがさらなる技術を習得したい方

ライターとしてもっとたくさん仕事を引き受けたい方

もしくは、

いまは別の仕事をしているが、将来ライターになり生計を立てたい方
現在の職業を続けていきたいが、ライターとしても収入を得たい方

さらには、

ライターになるつもりはないが、「書く力」をつけることで、よりよく生きる方法を学びたい方

つまりは全人類対応です。

全人類に教えるなんておこがましいのですが、誰かに伝えようとすることは、私自身の学びにもなりました。

本書は、一年以上にわたり、大阪出身のおっちゃんが、大学院生の若者にしゃべってしゃべって、しゃべりたおした全記録です。

ゼロから始めた直塚さんと一緒に学ぶことで、読み終える頃には読者の皆さんも書くことの「達人」になっていただけていたら幸いです。

2023年11月吉日

田中泰延

#「書く力」の教室　目次

はじめに　田中泰延……P.004

プロローグ

書くことはしんどい。本当は、書く必要なんてない　→P.022

今は、書くことが「ウーバーイーツ化」している　→P.030

「漁師」になるつもりでライターになれ　→P.034

ライターに、なりたいの？

STEP1

第1章　何を書くか

「書く前」に知っておくべきこと

文章に「感動の中心」を据える

↓ P.043

「読みたくなる文章」の共通点 → P.043

「感動のへそ」はフィクションであってもいい → P.054

一次資料に当たる

↓ P.060

文章の信憑性は、参照したものの信憑性に比例する → P.060

定めた「切り口」に関する、あらゆる一次資料に当たる → P.067

仮説を立てる

↓ P.072

出発点は、「当てずっぽう」でいい
――「？」を追いかける

↓ P.072

仮説で盛大にボケるなら、最後までボケ倒せ

↓ P.079

STEP1

「静かな文章」を心がける ↓ P.088

ハンバーガー的文章とフィレステーキ的文章、何が違うか → P.088

「かぶれた人」の文章は寒い
——「言いたいこと」は優先させない → P.091

あえて、皆まで言わない ↓ P.097

編集者、校正者の視点をもつ ↓ P.104

心の中に「ツッコミ役」の自分を養う → P.104

「誰かに読んでもらう」のも手 → P.107

「怒る人」が必ずいることを忘れない ↓ P.111

「斜に構えた態度」「上から目線」は嫌われる ↓ P.111

非難に対する反論・説明は逆効果 ↓ P.114

COLUMN1 準備の質で、アウトプットの質が決まる → P.119

「書く前」に知っておくべきこと

STEP2

第2章　準備する

「敬意」が伝わるかどうかは準備次第
↓
P.130

取材相手の
「代表的な仕事」は
必ず押さえる
↓
P.130

代表作、
SNSの発信、ブログ……
どこまで目を通すか
↓
P.132

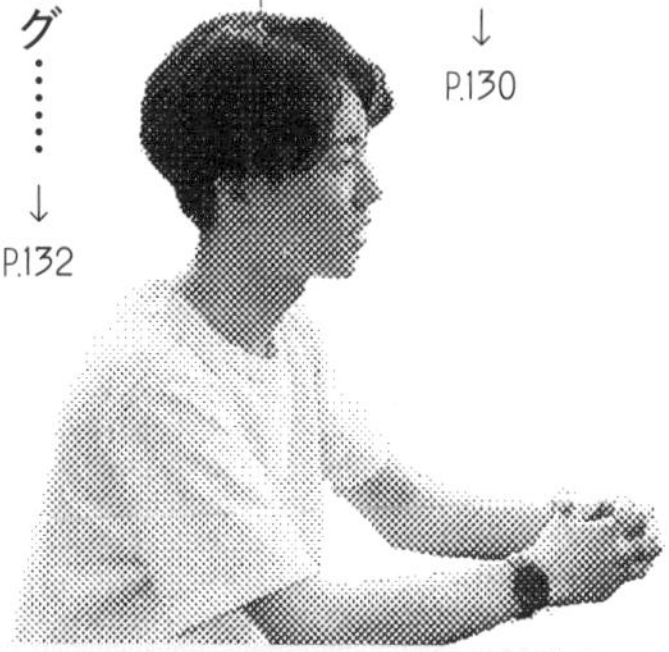

取材はライブだからこそ、
「計画どおり」に
進まない
↓
P.134

準備が完璧でも、
うまくいくとは
限らない → P.134

準備はしても、
見せてはいけない
→ P.136

取材・構想

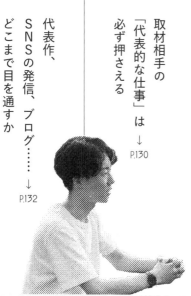

STEP2

第3章　取材する

「無礼に思われないこと」が大前提

↓ P.144

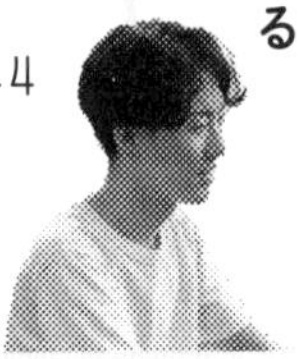

「取れ高」を気にしてはいけない

→ P.144

「いい脱線」はどんどんすべき

→ P.146

「脱線」から「本筋」への戻し方

→ P.152

「一番聞きたいこと」は最初に聞かない

→ P.156

「素直な感想・感動」を軸にして聞く

↓ P.158

「評価」せずに、「感想」を伝える

↓ P.158

「抽象的な質問」「相手のことを決めつける質問」はNG

↓ P.164

質問のフリをした「自己アピール」は禁物

↓ P.168

「ど定番の質問」をするときの枕詞

↓ P.170

取材の腕を磨く「一人反省会」

↓ P.174

第4章 書く

STEP2

ライターが「書く前」にしていること
↓
P.180

「自分で文字起こし」をすすめる理由
→ P.180

原稿の「体裁」と「文体」を決める
→ P.183

書き始める
↓
P.187

対話の中にある「心の結び目」を見つける
↓
P.187

まずは、見出しをつける
↓
P.191

「サビ」をどう歌うか決めて、書き始める
↓
P.198

「話された言葉」をそのまま書かなくてもいい
↓
P.206

取材・構想

STEP2

自分がお金を出しても読みたいものを書く → P.213

すべての仕事には「クライアント」がいる → P.213

「仕事を頼みやすいライター」になってはいけない → P.222

「理想の文章」がなければ、「うまい文章」は書けない → P.225

「ダメ出し」は、伸び代の証 → P.233

キャラは変えても、姿勢は変えない → P.235

書く内容ごとに「しっくりくるキャラ」を設定する → P.235

定型文で「言った気」になってはいけない → P.238

「みんなが言っていること」は言わない → P.240

誰もバカにしないと心に誓う → P.245

COLUMN2 「調べて書く」に磨きをかける → P.249

取材・構想

STEP3

「通説」を鵜呑みにしない
↓
P.260

「といわれている構文」は信じない
→ P.260

読み手は必ず「曲解」「捏造」する
→ P.263

第5章 調べる

「調べて、書く」は、「逃げずに、書く」こと
↓
P.269

調べものに「回り道」はつきもの
↓
P.269

「その道のプロ」に読まれても恥ずかしくないように、と意識する
↓
P.272

国立国会図書館へ行ってみる → P.276

調べる・人に会う・執筆する

STEP3

第6章 依頼する・会って話を聞く

誰かの話を聞くことも「調べる」のうち

↓ P.282

想定外のシチュエーションは宝の山である

↓ P.282

誰に話を聞きに行くか
——取材先の選び方

↓ P.286

リモート取材で使えるアイスブレーク術

→ P.298

第7章 構成を練る・書き上げる

原稿の「設計図」を作る

↓ P.306

文章には「滑走路」がいる

→ P.306

読者と問題意識を共有する

→ P.311

「揶揄」「中傷」「否定」と「意見」は違う

→ P.315

調べる・人に会う・執筆する

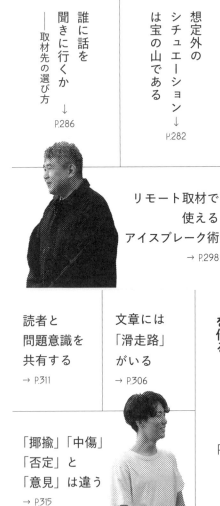

STEP3

学んだことすべてを投じて、書いてみた ↓ P.317

「とにかく、素直に」を第一の信条とする ↓ P.317

人の頭で考えて、書いてはいけない ↓ P.323

「素直に書くこと」と「正直に書くこと」は違う → P.327

そろそろ講義はおしまい → P.345

調べる・人に会う・執筆する

エピローグ

しんどい。でも、楽しいから書ける ↓ P.376

そして、修業は続く ↓ P.380

ライターに、なってしまった

おわりに　直塚大成 P.386

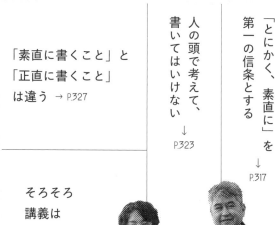

「書く力」養成講座、
始まるで。

宜しく
お願いします。

プロローグ

ライターに、なりたいの？

書くことはしんどい。本当は、書く必要なんてない

いよいよ「書く力」養成講座の始まりです。僕の生徒となって「書く力」を学んでいただく方を選考するに当たっては、課題作文による公募といたしました。総勢67名にご応募いただいた力作の数々を、私を含む『「書く力」の教室』制作チーム（本書の担当編集者・SBクリエイティブの小倉碧さん、私と共著者の方の対話を原稿化するライター・福島結実子さん、私）で拝読。厳正なる一次審査（作文）と二次審査（面接）を経て、ついに決まりました。

それでは紹介しましょう。ジャジャーン、直塚大成さんです。

はじめまして。直塚大成です。23歳、大学院生です。

直塚くん、応募してくれてどうもありがとう。

こちらこそ、選んでいただきありがとうございます。田中さんに付いていきます。がんばります！

まず、僕らの出発点を確認するために、面接の模様を抜粋して振り返っておきましょう。

◆◆◆◆◆

直塚くん、はじめまして。本書は募集要項にもあったとおり、僕に付いて「書く力」を学んでいただくものです。だけどぶっちゃけ、誰も何も書く必要なんてないんやで。

え、書く必要なんてない!?　どういうことですか？

だって、書くのってしんどいやん。パソコン画面を見ていると目はシバシバしてくるし、タイピングしていると指は痛くなってくる。そのうえ「調べる」となると、本を読んだりどこかに出かけたりしなくちゃいけないのも大変や。
　そしてライターには〆切がつきものです。〆切前日、目の前には何も書けていない真っ白なパソコン画面。担当編集者が自分に詰め寄る声が聞こえてくる――なんて想像するだけで、多くのライターは震え上がって冷や汗を吹き出すでしょう。ああ、考えただけでも恐ろしい。
　でも、こんなふうに気力と体力を削られるのが、プロとして「書く」ということなんです。かといってベストセラー作家にでもならない限り、何かを書くたびに大金が入ってくるわけでもない。語弊がある言い方かもしれないけど、書いても大していいことなんてないんや。

そんな……。最終選考に残って面接に呼んでいただいたのに、ショックです。

そうやんな。ここで僕が君に聞きたいのは、「それでもライターになりたいですか？」っていうことやねん。ライターという仕事はしんどいけれども、それをはるかに上回る楽しさや喜びを感じられる。もし、気力的にも体力的にも大変なことをわかったうえで、君がプロのライターを目指したいならば、精いっぱい、僕から伝えられることを伝えていく所存です。

覚悟を決めろってことですね。はい、それでもライターになりたいです！

わかりました。まあ、人生の選択肢は他にもあるから、学んだ結果、ライターになるのをやめたということもあり得るでしょう。それはそれでいいんです。ただ、現時点での君の意思を改めて確認したかったんですわ。

　さて、クライアントの依頼を引き受けたら、どんなテーマであっても、何とか頭をひねっておもしろいものを書く——これがライターの仕事です。たとえば「納豆について書いてください」と言われたら、何が何でも、納豆について、おもしろく書かなくてはいけない。

やっぱり大変な仕事なんですね……。

そうやで。じゃあ、仮に君がライターになったとして、あるクライアントから「納豆について書いてください」って言われたらどうする？　ちょっと考えてみて。

「納豆」ですか？　うーん、どうするかな……。とりあえず藁《わら》にくるまって納豆の気持ちになってみるんじゃないかと思います。

ははははは。直塚くん、おもろいなー。

あ、今、ちょっとウケたんで、それを励みにして何とか書けそうです。

◆◆◆◆◆

こんな感じでしたね。面接中にも言ったように、直塚くんはおもしろい。でも、まだまだ圧倒的に足りてないところがある。それが「調べて、書く」ということなんです。これができるかどうかが、本当のプロフェッショナルとそうでないライターの分かれ目や。

　ひと口に「調べる」といっても、「文献に当たる」から「取材を申し込む」「取材の準備をする」「会って話を聞く」まで、いろんなことがある。さらに「書く」という点でも、毎度、確実に「読むに値するもの」を仕上げるには相応の技術が必要です。学ぶことは多いよ。

わかりました。よろしくお願いします。

ちなみに、君は「ライター志望者」として僕のところに来てくれたわけだけど、だからといって「**絶対にライターにならなくちゃいけない**」なんて**気負う必要はない**んです。
　これは、実は僕が電通を辞めてライターとしてやっていこうと決めたころ、糸井重里さんと話しているときに気づかされたことでもあります。
「この先、どうするつもり?」と尋ねられて、「ちょこちょこ物書きをして生きていこうかな、と思っています」と答えた僕に、糸井さんは「田中さん、悪いことは言わないから、今すぐガソリンスタンドとかコンビニとかでバイトしたほうがいいよ」とおっしゃった。「だって、あなたが書いたものがお金になるとは決まってないんだから」と。

社会には、人を適切なところに配置していく「自動振り分け機能」みたいなものがあると僕は思ってるんや。今、僕たちが生きている社会というのは、合理性を突き詰めた資本主義の原理に支えられた巨大な機械みたいなもので、個々人が己の資質を垣間見せるたびに、「はい、この資質はここ、この資質はここ」っていう具合に自動的に振り分けられていく。

そうか。自分の書いたものが、おもしろければ「ライター」として配置されるし、おもしろくなければ「ライター」として配置されない。

そう。よく「若者は夢をもて」なんて言われるけど、夢を叶えられる人は稀《まれ》です。流れに逆らって成功した人がもてはやされるのも、そのタイプが数少なくて目立つからでしょう。

大半の人は、なんか知らんけどそうした流れに流されて、いつの間にやら今いる場所に辿《たど》り着いた——自然と自分の資質に合った仕事、配置に振り分けられるのが、人の世の理《ことわり》だということで納得してるんちゃうかな。人生、「なるようになる」っていうことやね。

もちろん、君がライターを志す限り、僕は、自分が今まで積み重ねてきた技術や、実体験からくる心得など、全部教えていくつもりです。

でも決して気負わないでほしい。人生は、自分が行動したことの積み重ねです。仮にライターにならなくても、これから体験し、体得していくことは、君が輝ける場所へと君を連れて行ってくれるでしょう。だから「なるようになる」精神で付いていきてもらえたらと思います。

わかりました。力みすぎずに、でもがんばります！

今は、書くことが「ウーバーイーツ化」している

次に、書いて稼ぐことの実情を話しておこうかな。現代は「書くこと」がウーバーイーツ化しているよね。ウーバーイーツの配達員みたいに、思い立ったら誰でもライターになれる。そういうライターを量産するようなライター養成講座や教材、セミナーも世の中にはたくさんある。ここで僕が問いたいのは、君は「どういうライターを目指すのか」ということです。

え、ライターはライターじゃないんですか⁉

そこやねん。**実は、ライターには大きく分けて3タイプあるん**です。

タイプ①は、顔、名前、個性を出していく「個性型ライター」。タイプ②は、自分の個性は出さず、テーマや対象を浮かび上がらせることに徹する「職人型ライター」。タイプ③は、1文字1円みたいな世界で、レストランとかの紹介記事をウェブに上げる「黒子《くろこ》型ライター」。ウーバーイーツ化が起こっているのは、主にタイプ③です。

僕は、ぜひ君に「個性型ライター」を目指してほしいと思ってるんです。すると、すごくいいことがある。何だと思う？

うーん、いつも自分の好きなことを書ける、とか……？

ブー。何かを書いて対価を得る以上、そこには必ずクライアントがいる。クライアントが「○○について書いてください」と依頼して初めて仕事になるわけだから、「いつも自分の好きなことを書ける」わけではありません。

答えは「〆切はそっちの都合」って言えるようになる、です。誰にも代替できない人の原稿が欲しかったら、その人が書くまで待つしかないでしょ？

でも〆切を破ったら、依頼されなくなるんじゃないですか……？

そうやね。職人型ライターや黒子型ライターはその可能性が高い。でも個性型ライターの場合は違うんです。どや！

うーん……個性型ライターの「いいこと」って、ほんとにそれなんですか？

この話には、実は裏側の意図があるんです。それは「『お前』は必要か？」っていう話なんや。ここでいう「お前」というのは書き手のことです。僕は自分が書くものの冒頭で、たいてい「田中泰延です」と名乗るんだけど、「お前のことなんかどうでもいい」って非難されることがある。それでも僕は名乗ることをやめません。なぜかといったら、「本当のところ」を書きたいから。
　たとえばレストランの紹介記事を書く黒子型ライターは、文章を書くことで、そのレストランの宣伝の一端を担ってる。レストランに代わって店のよさを世間にアピールする「代理人」やね。これは、いってみれば商売の片棒を担いでいるわけ。それもひとつの仕事のあり方だから否定はしない。

だけど個性型ライターの売り物は、誰かの商売に協力するために繰り出す「うまい言葉」ではなくて、自分が何かについて調べて発見する過程での思考や感情の言語化そのものなんです。

だから僕の書くものは僕にしか書けないものだし、それがゆえに最初に名乗らなくてはいけないと思ってるんです。「誰かの代理人としてではなく、僕は僕として、自分が行動した結果、考えた、感じた、その本当のところを書きますよ」って宣言して矢面《やおもて》に立つ意味で、やっぱり『お前』は必要」なんやね。

そこまでして初めて、「〆切はそっちの都合」と言えるんでしょうか？

そのとおり。**自分らしさを出して「本当のところ」を謳い上げる。それが代替不可能なライターです。**そういうライターだけが「〆切はそっちの都合」って言えるわけ。

これから話していくのは「人生を離陸させる術」といってもいい。あるテーマについて仮説を立て、行動を起こす。本を読み、人に話を聞きに行き、自分が考えた、感じた「本当のところ」の結論を書く。このように**文章を練り上げ**

るのは、助走を経て飛び立ち、徐々に空高く舞い上がる飛行機の離陸に似てる。

そして、この一連のプロセスを身に付けることが、結果的に、自分自身が顔と名前を出して社会の中で離陸すること、つまり「自分の名前で生きていくこと」につながっている。それが僕なりの「文章の書き方」であり、これから全力をかけて君に伝えていきたいことなんです。

「漁師」になるつもりでライターになれ

技術的な話の前にもうひとつ、心得として話しておきたいことがある。これからライターを目指すならば、「漁師」になるつもりで取り組んでください。

え、漁師……ですか？

うん。**書いてお金をもらってご飯を食べていくというのは、まったくもって不確実な人生を歩むということ**です。

僕は24年間、電通で安定収入が得られる会社員生活を送ったけど、退職してからは「○○について書いてください。報酬は5万円です」みたいな生活になった。つまり、一転して不安定な生活になったわけ。どれくらいかというと、日本の税制上では「漁師」と同じ扱いになるくらいなんです。

漁師さんって、ある年は不漁で収入が激減し、ある年は豊漁で収入が急増するというのが常でしょ。所得税は「収入から経費を引いた課税所得」に基づくから、収入の乱高下は、そのまま、支払う税額の乱高下を意味します。

役所側も、そのあたりの事情はわかっているから、漁師みたいに収入が乱高下しうる職業についている人は「平均課税」という納税法を選べるようになってる。簡単にいえば、過去何年かの収入の増減を平らにならして、支払うべき税金の額が乱高下しないようにするという温情措置やね。そしてライターも、その範疇《はんちゅう》に入るんです。

だから「漁師」になるつもりで、ということなんですね。

そういうこと。ライターだって収入の乱高下はつきものです。ある年は仕事がぜんぜんなくて年収100万円だったけど、ある年は書いた本が売れて年収5000万円だった――みたいなことが起こるのが、この仕事なんです。

農家じゃなくて漁師なんですか？

農家は、ある程度、作付面積に対して収穫量が読める。だけど漁師は、まったく釣れないかもしれないし、大漁かもしれない。ライターはそれに近いんです。まったく仕事が来ないかもしれないし、いっぱい仕事が来るかもしれない。本を書いても、初版数千部の印税で終わるかもしれないし、たくさん印税が入ってくるかもしれない。

すべては、そのときになってみないとわからない。

そう。それからもう一点、ライターには「漁師」のたとえがぴったりな部分がある。**個性型ライターは、さらに、海辺で釣りをして日々の生計を立てる「陸《おか》釣《づ》りタイプ」と、遠くの海に出かけていって何トンもの魚を獲《と》ってくる「遠洋漁業タイプ」に分かれる**んです。

「単発で、いろんなテーマの短い文章を書いて、1件あたり数万円」ということを積み重ねて生計を立てるのは陸釣りタイプ。ひとつのテーマに腰を据えて取り組んで、ドカーンと長篇を出すのが遠洋漁業タイプです。雑誌に連載をもっていて、あるタイミングで書籍にまとめられて刊行されるのも、遠洋漁業タイプでしょう。

もし君がライターになって陸釣りタイプの仕事をこなす日々を過ごすとしても、「いつかは遠洋漁業タイプの仕事もやってやる」という気持ちでいてほしいんです。それだけでも、ライターとしての成長速度や、今後の活躍度合いが違ってくるでしょう。これから宜しくお願いします。

「書く前」に
知っておく
べきこと

STEP 1

文章の
書き方以前の
大事な話を
します。

書く前から
始まってるん
ですね。

第1章

何を書くか

さて、直塚くん。早速なんだけど、君に課題を与えたいと思います。

ありがとうございます。どんな課題でしょうか？

僕はまだ、君の書いたものをほとんど読んだことがない。だからもう少し、君がどんな書き手なのか——直塚くんのライターとしての「現在地」——を知りたいんです。そこで、まずは自由なテーマで、好きなようにnoteにエッセイを書いてみてください。

　たとえば、今僕は、ある清涼飲料水が値上げされたというネット記事を読んでいます。僕だったら、ちょっと調べれば、このネタで800〜1200字は書ける。こんなふうに、ネタなんて、その気になればそこらじゅうに転がってます。というわけで、どんなテーマでもいいから書いてみてください。文字数などの体裁も、あえて指定しません。

わかりました。やってみます。

文章に「感動の中心」を据える

「読みたくなる文章」の共通点

直塚くんが、早速、エッセイを書いてきてくれました。ありがとう。タイトルは……ジャーン！「信長の眺望」。２０２２年11月８日に見られた「皆既月食と天王星食の同時発生」をテーマに据えた一篇であります。

信長の眺望・――❶

2022年11月8日、皆既月食と天王星食が同時に起こりました。あの日、僕は月食だけで満足してしまったのですが、今回の目玉は**月食中に惑星食が起こること**だとあとで知りました。直近の観測事例は442年前の1580年7月26日。次回の観測予定は322年後の2344年7月26日。**ただの月食だけなら3年後にまた見れるらしいです。**なんてこったい。

それは置いといて、この442年ぶりという言葉はやけに視聴者の目を引くようで、各種メディアは「**織田信長も見たぞ！**」「**天下布武を望んだ月！**」などと、信長の親族でもないのに騒ぎ散らしていました。この中に『**織田信成の〝滑るけどスベらない〟チャンネル**』で同じ日に公開された「【プロローグ】羽生くんのアイスショーを観に行ったらやばかった【ネタバレ注意】」という動画を見た記者はいるのでしょうか。いないでしょ。信成さんは月より羽生くん見てたんですよ。 ・―❷

・―❸

――という経緯から、僕の心にはメディア側が**客寄せパンダのように織田信長の名前を使っているのではあるめえか**という疑惑が浮かんできたのです。本当に信長が見たという保証がないじゃないか。そもそも1580年の日本は西暦を使っていないぞ。ふはは、今こそメディアの欺瞞《ぎまん》を暴いてくれようぞ。

1

歴史天文学を研究している国立天文台特別客員研究員の谷川清隆さんなどによりますと、**計算の結果と一致する時間帯に月食が起きたことを示す記録が古文書に残されている**ということです。徳川家康の家臣、松平家忠が記した『家忠日記』には、天正8年6月15日に「月しよくいぬゐの時かいけん」と読める記述があるということです。

NHK　皆既月食(2022年11月)東京ではいつ?どう見える?天王星食も同時に

NHKが丁寧に取材してました。

おしまい。

——と、NHKのテロップまで流れそうな空気ですが、そう簡単には引き下がりません。**歴史天文学を研究している国立天文台特別客員研究員の谷川清隆さんが間違っている可能性**も捨てきれません。歴史には細かいズレが必ず存在します。

現在のグレゴリオ暦が導入されたのは明治時代です。そしてこの時、**旧暦12月2日の翌日が西暦1月1日**になりました。これは世間的には欧化政策の一環とされていますが、実は**明治政府が官僚に2カ月分の給料を払いたくなかったから改暦**

2

したという逸話があります。太陰暦を用いた旧暦には 3 年ごとに閏月があり、翌年の明治 6 年は閏月《うるうづき》を含めた 13 カ月になる予定でした。しかしそうすると、政府は当然 **13 カ月分の給料を支払わなければいけません。** そこで、偉い人は言いました。「お金ないからなんとかしたいなあ。そうだ。グレゴリオ暦を採用すればいいじゃないか！　おーい磯野、欧化しようぜ！」的なノリで導入されたそうです。布告から実施まで１カ月足らず。しかも **12 月 2 日から採用されたからなぜか 12 月分の給料も省略されました。** このように暦の変わり目にはこうした恣意的なズレも起こります。この年（明治 5 年）は改暦で 1 年間が 355 日間から 327 日間になりました。**つまり、28 日短いのです。**

　さらに言えば、**西暦そのものにズレがある可能性**だってあ
ります。みなさんなんとなくご存じかと思いますが、1 年は 365
日ではありません。**国際標準は 365.242189 日**です。365.
259635 日とする説もあります。365.256363 日とする説まであ
ります。素人目にはそこまで刻む意味を感じませんが、感じ
ないから素人なのです。1 年を 365.25 日とする「ユリウス暦」か ❸
ら 1 年を 365.242189 日とする「グレゴリオ暦」に移行した理由
は、暦が **1000 年間で約 10 日も**ズレてしまったから。「10 日も」
というところを読んで「**むしろカエサルの時代に作られたユリ
ウス暦が 1000 年で 10 日しかズレてないって、精度しゅごい**」
と思ったのですが、他に閲覧したどの資料にも「**10 日も**」と書

3

❸—• かれていたので永遠に僕は素人でいることを決めました。

閑話休題。こうやって考えていくと、信長の時代まで遡ればとんでもないズレがあってもおかしくありません。ふはは、**「信長が見たかも！」**などと適当なこと抜かしたメディアよ。今度こそその鼻を明かしてくれようぞ。覚悟しやがれぃ！

『日本暦西暦月日対照表』
（野島寿三郎編、日外アソシエーツ、1987年）

合ってました。

おしまい。

4

ちなみに旧暦から西暦に変わった時、大衆はひどく動揺したようです。そして、その隙をついて福沢諭吉は『改暦弁』を**1カ月で書いて**、出して、**バカ売れしました。**売り時の見極めが天才的です。近年では信長評も一変し、最新研究では**堅実で合理的な武将だった**という見方が強まっています。というわけで月食はほどほどに、みんなで学問のすすめを見ましょう。

5

うーん、まあ、おもしろくはあるんだけど、何を言いたいのかがわからない、ねじれの気になる一篇になっています。

はい……。

まずタイトルに、「信長」とある。

❶信長の眺望

そして、2段落目という早い段階で「ニュースが言っている『442年前の皆既月食を信長も見たかもしれない』というのは、本当か？」と問うているから、そこがこの文章の主軸であるかのように見えます。

❷それは置いといて、この442年ぶりという言葉はやけに視聴者の目を引くようで、各種メディアは「**織田信長も見たぞ！**」「**天下布武を望んだ月！**」などと、信長の親族でもないのに騒ぎ散らしていました。

だけど、読み進めていくと「織田信長の末裔であるフィギュアスケーター・織田信成は何か発信しているか?」「信長は1580年の皆既月食を見たのか?」「ユリウス暦、日本の旧暦、グレゴリオ暦にまつわる逸話&トリビア」と、いくつかのテーマが並列されているから、読む側は、この一篇から何を受け取ったらいいのか迷ってしまうんです。

❸この中に『**織田信成の〝滑るけどスベらない〟チャンネル**』で同じ日に公開された「**【プロローグ】**羽生くんのアイスショーを観に行ったらやばかった**【ネタバレ注意】**」という動画を見た記者はいるのでしょうか。いないでしょ。信成さんは月より羽生くんを見てたんですよ。

——という経緯から、僕の心にはメディア側が**客寄せパンダのように織田信長の名前を使っているのではあるめえか**という疑惑が浮かんできたのです。本当に信長が見たという保証がないじゃないか。そもそも1580年の日本は西暦を使っていないぞ。ふはは、今こそメディアの欺瞞を暴いてくれようぞ。

（中略）

さらに言えば、**西暦そのものにズレがある可能性**だってあります。みなさん何となくご存じかと思いますが、1年は365日ではありません。**国際標準は365・242189日**です。365・259635日とする説もあります。365・256363日とする説まであります。素人目にはそこまで刻む意味を感じませんが、感じないから素人なのです。1年を365・25日とする「ユリウス暦」から1年を365・242189日とする「グレゴリオ暦」に移行した理由は、暦が**1000年間で10日も**ズレてしまったから。「10日も」というところを読んで**「むしろカエサルの時代に作られたユリウス暦が1000年で10日しかズレてないって、精度しゅごい」**と思ったのですが、他に閲覧したどの資料にも**「10日も」**と書かれていたので永遠に僕は素人でいることを決めました。

そこで聞きたいんやけど、そもそも、この文章を書いたきっかけは何だろう？

たまたま見つけたニュース記事に、皆既月食と天王星食の同時発生は、織田信長が天下統一を目指していた安土桃山時代、1580年以来のこと、と書かれていて、「暦を残した人ってすごいな。おもしろそうだから調べてみよう」と思ったことです。そこからいくつか暦に関する本や資料に目を通しました。すると、どの本にも「ユリウス

暦だと1000年間で10日『も』ズレが生じるから、代わりにグレゴリオ暦が使われるようになった」って書いてある。僕は「1000年でズレが10日『だけ』ってすごくない？」と思ったので、それを書きました。ちゃんと調べ切れていないんですけど、「ユリウス暦の導入から1000年経ったころ、『これ、ズレてんじゃね？』って気づいて古代ローマの政治家・カエサルに進言した人がいたけど却下された」みたいなことも、ある本にサラッと書いてあって、そこも「どういうこと？『1000年で10日もズレてる！』ってどういう時間感覚してるの？」と気になりました。

だけどこの疑問だけでは、ぜんぜんまとまったものが書けなくて、どうしようかと思っているところに、先ほど話したニュース記事を見ました。じゃあ、暦的にその可能性はあるかと調べてみたら、ようやく書けたという感じです。

ふむふむ……。直塚くん、世に文章は数多《あまた》あれど、ひとつだけ確かなことがある。それは、**いい文章には決まって「感動のへそ」がある**っていうことなんです。

感動のへそ？

調べたことのうち、書き手は何に一番心を動かされたのか、何を一番読者に届けたいのか。こういう**「感動のへそ」が明確な文章は、多くの人間に響く**んです。

今回の「信長の眺望」には、そういう「感動のへそ」がないんだと思います。

だから、「1580年の皆既月食を織田信長も見たかもしれないって本当か？」のくだり、「織田信成は何も発信してないよ」のくだり、「ユリウス暦は1000年で10日のズレ。『10日だけ』ってすごくない？」のくだり、全部が短いコラムとしてはおもしろいんだけど、どこを読んだらいいのかわからない感じになってるんや。

「感動のへそ」を作るには、内容に「序列」をつけなくてはいけない。今、君の話を聞いて思ったんやけど、「ユリウス暦は1000年で10日しかズレない」「だけど、当時の人はそれを『10日も』と認識した」、そこが一番驚いたことだったんでしょ？

そうですね。調べていて、一番「なんで？」と思ったのは、そこです。

だったら、それを序列のトップに据えて、文章の中でひとつ「ヤマ場」を作っておくとよかったかな。もし事の真相や理由を突き止められなかったとしても、「一番、心動かされたのは、ここなんです」っていう「感動のへそ」は明確にすること。

「感動のへそ」を軸に据えて周辺を固めることで、まとまりのいい文章になる。

そうやね。すると、読み応えがあるものになって、読み手に「なんかおもしろいもの読んだな。この書き手の感覚、いいな」って思ってもらえる可能性も高くなるんです。

つまり、**「感動のへそ」を作るっていうのは、「誠実に対象と向き合い、素直に書く」ということ。**「あなたが好むと好まざるとにかかわらず、僕はこういうものの見方・考え方・感じ方をする人間なんです」ってちゃんと示す。多くの人に響くように迎合するんじゃなくて、誠実さと素直さを見せた結果、多くの人に響くという順序なんや。

「感動のへそ」はフィクションであってもいい

もっとちゃんと時間をかけて調べていたら、その「感動のへそ」が作れたかもしれません。今回の教えは、「もっと調べよう」っていうことでしょうか？

そうともいえるけど、それだけでもない。なぜなら「感動のへそ」は調査や勉強や実体験だけによって得られるものではないから。**感動は、実は「捏造《ねつぞう》」してもいいし、心の中から湧き上がる「願望」でもいいん**です。で、そうやって書いたものに対して「この話、どこまでが本当ですか?」「どこからが作り話ですか?」なんて聞いてくる人は野暮《やぼ》の極みです。

え、「誠実に対象と向き合い、素直に書くこと」が大事なのに、フィクションでもいいってどういうことですか?　真実を書くことは重要じゃないってことですか?

いい質問やね。僕は以前、ある作家さんに「物語を作るときに、何か方針ってあるんですか?」と聞いてみたことがあります。その答えが参考になるでしょう。

その方いわく、「現実にはつらいこと、嫌なこと、思い出したくもないことがたくさんある中で、『こうだったらよかったのにな』って願っているところを書くんです」。

そもそも小説は作り物だから、正確に真実を書いてはいない。だけど、「こうだったらよかったのにな」っていう願いを念頭に練られた物語には、その作家の切なる思いがこもっている。これって、すごく誠実で素直だと思わへん?

「書く内容」というよりも、「書き手の意識、姿勢」の話だったのか……。

そう。たとえば僕だったら、クソみたいな出来事があってむしゃくしゃしても、ふと「今、この空に虹が出てたら、どんなに心が軽くなるだろう」って思ったりする。だから「書く」んです。

それを「こんなクソみたいな出来事がありました。どこまでいっても僕のクソみたいな日常が変わるわけもなく、今日もクソみたいな夜が更けていきました」って書いたら、読んだ人たちは「クソみたいなものを読まされた」って思うだけでしょ。

読み手としては、気分が悪くなるでしょうね。

せやろ？　芥川龍之介の『蜜柑《みかん》』っていう短篇小説を読んだことはあるかな。

主人公の「私」――芥川自身を思わせる人物――が汽車に乗っていたら、なんや貧しい身なりの「いかにも田舎者らしい娘」が乗ってきて向かいの席に座った。「私」が乗っているのは二等車だが、その娘の手には三等車の切符が握りしめられている。

艶のない髪、垢《あか》じみた毛糸の襟巻、大きな風呂敷包み、そして二等と三等の区別もつかない愚鈍さ。なんでこんなんと向かい合って過ごさなあかんねんって「私」が思っていたら、汽車がトンネルを抜けたその刹那《せつな》、その娘はめいっぱいに窓から半身を乗り出し、踏切まで見送りに来ていた弟らしき少年たちに向けて、「日の色に染まっている蜜柑」をおよそ5つ、6つ投げた。

そして「私」はハッとする。この娘はおそらく奉公に出るところで、わざわざ踏切まで見送りに来た弟たちの労に、蜜柑で報いようとしたのだ、と。

そんな娘の心根に触れ、束《つか》の間、「私」は日々の憂いを忘れることができた――って終わる話なんだけど、読者の頭には「片田舎を走る汽車、見すぼらしい娘」っていう灰色の世界に突然、「日の色に染まっている蜜柑」のイメージが鮮烈に残るわけ。そこが秀逸だと僕は思う。じゃあ、「私」が汽車に乗り、「いかにも田舎者らしい娘」が向かいに座ったことまでは現実に起こったと仮定して、その娘は見送りの弟たちに「日の色に染まっている蜜柑」を投げたのか？ 投げていない可能性もあると思うんや。

つまり、「感動のへそ」である蜜柑の部分は創作されているかもしれない……。

うん。でも、そこがなかったら「汽車に乗っていたら見すぼらしい娘が目の前に座って、めっちゃ不快だった」っていう、まさに単なる「クソみたいなやつ」の話で終わってしまうやろ。こんな具合に、おそらく現実にあったことを描いているであろう作品にも、創作の要素が少なからず含まれていることがある。梶井基次郎だって、たぶん檸檬《レモン》を積み上げた本の上に置いてないと思うで。

『檸檬』、高校の教科書に載ってました。鬱々《うつうつ》としていた主人公が、ある日、果物屋で檸檬を買った。そうしたら少し気が晴れた。その後に行った丸善書店で、書棚から引っ張り出して積み上げた本の上に檸檬を置いてみたら、ちょっと気が晴れた、という作品ですね。

そう。梶井基次郎はたしかに鬱々としていたんだろうけど、「檸檬を積み上げた本の上に置いた」という創作かもしれない部分があることで、代表作になっているわけです。

このように、**「誠実に対象と向き合い、素直に書くこと」は、必ずしも「ありのままの事実を書くこと」とは限らへんねん。**作家の例ばかり挙げたけど、小説に限らず、ライターっていうのは「こうだったらいいな」ということを書いていいんです。だって最初から最後まで事実だけ書いたって、たいていは、いいこと何もないやん。

たしかに。今教えていただいたことは「人はなぜ、人が書いたものを読むのか」っていう理由にも関わるところかな、と思いました。誰もクソみたいな話だけで終わるものは読みたくないよな……。

そうやね。クソをもってクソを制するよりも、何か救いや癒やし、驚きが欲しいのが人情。文章のもっていき方をコントロールするのもライターの仕事なんです。

書き手の切なるものに触れたときに、人の心は動く。そして心動かされるという体験をくれた書き手のものを、人は読み続ける。特に駆け出しのライターほど、爪痕を残したいという思いあまって少し斜に構えたり、すぐ嘘とバレる話を作ったり、奇を衒《てら》ったり、穿《うが》ったりしたことを書きがちなんだけど、「誠実に対象と向き合い、素直に書くこと」が一番大事なんです。これはどれほどキャリアを積んでも変わりません。

一次資料に当たる

文章の信憑性は、参照したものの信憑性に比例する

では、次、行ってみよう。タイトルは、ジャーン！「悩殺フレーバーを消せ！」。浮気相手……っていうか、家に来てもらうタイプのお嬢の方をお願いした男（未遂）が、妻が帰宅する前に、いかにその「匂い」を消すかという一篇であります。

悩殺フレーバーを消せ！

「いまから帰りまーす♡」

LINE の通知を見て、おれは青ざめた。まずい。嫁が帰ってくる。いつもより早いじゃないか。途端に膨らんだブリーフが萎《しぼ》む。きょとんとするアリスちゃんを追い出し、泣く泣く10 万円を投げつけた。くそう。まだ何もしてねえのに。だが悔やんでいる暇はない。床の金髪は掃除機でキャッチ。口紅のあとはお風呂にダイブ。このくらいならお手の物。問題は匂いである。これが手ごわい。なんせおれの嫁は東京大学大学院農学生命科学研究科生物化学研究室出身の匂いエリートだ。アリスちゃんのエッチな香りなんて一発でバレてしまう。クリスチャン・ディオール。8 万 3500 円。私のより高いじゃないの。違うんです。ごめんなさい。生まれてきてすいません。……まずい。未来がハッキリ見えた。認めたくない。貢いだ女の香水ひとつ。誤魔化せぬなら男にあらじ。まずは消臭剤で匂いを消さねば。

❶ 多くの消臭剤は匂い分子を消しません。シュッシュッとして空間にある匂いを吸着させて地面に落とす、衣服についた匂いが飛んでこないように衣服に留め

1

る、というのが大方の原理です。 ❶

「においの科学のウソ・ホント」 第5回 消臭消臭、においはなくてもよいのか?
東京大学大学院農学生命科学研究科生物化学研究室 HP

——と思ったがやめた。嫁が世話になった東原和成《とうはらかずしげ》教授のエッセイによると、消臭剤は匂い分子を消さないらしい。GAME OVER。チェックメイトである。どうしよう。いや、待て。これは逆に良いニュースだ。このエッセイを読みつくせば対策が見つかるに違いない。それにウェブで全部読めるじゃねえか。よし。目には目を、東大には東大をだ。

「異性に好かれるフェロモンが欲しい」「あの女優はフェロモンを出している」と言った声（原文ママ）がちらほら聞こえますが、そもそもフェロモンとはなんでしょう。もともとは、1959 年、メスのカイコ蛾が発 ❶
してオスを引きつける物質が見つかった時につけられた言葉で、ギリシャ語で「運ばれるホルモン」という意味です。

「においの科学のウソ・ホント」 第9回 フェロモンはにおう?
東京大学大学院農学生命科学研究科生物化学研究室 HP

なるほど。フェロモンってのはカイコ蛾の研究から始まったのか。浮気隠蔽の役には立たないが、とてもためになる。しかしおれはなぜフェロモンの回を熟読しているのか。いつのまにか第 9 回まで来てしまった。

2

❶ では、ヒトにはフェロモンはあるのでしょうか。残念ながらまだ見つかっていません。巷《ちまた》にフェロモン入り香水などが売られていますが、科学的根拠はありません。

「においの科学のウソ・ホント」 第9回　フェロモンはにおう?
東京大学大学院農学生命科学研究科生物化学研究室 HP

目から鱗《うろこ》だ。ヒトのフェロモンは見つかっていないし、フェロモン入りの香水に根拠はないのか。それではアリスちゃんのあのスウィートな感じはなんなのだろう。いや、待て。今はそれを考えている場合ではない。それを消す方法を探さねばいけないのだ。煩悩は捨てろ。めちゃくちゃフェロモンを知りたいやつみたいになっている。違う。おれはただ、モテまくるフェロモンがあればなあと思っただけなのだ。

❶ さて、「異性を引き付けるフェロモン」が欲しいですか？　でも、よく考えてみてください。もしそういう物質を身に付けたら、全ての異性が寄ってきますよ。実際は好きな人だけに寄ってきて欲しいのですよね。

「においの科学のウソ・ホント」 第9回　フェロモンはにおう?
東京大学大学院農学生命科学研究科生物化学研究室 HP

雷に打たれた。東原教授。あなたの言うとおりです。おれはアリスちゃんのフェロモン（科学的根拠なし）に心奪われ、大

3

切なことを忘れていた。おれの本当に好きな人は、愛する妻なのだ。妻だったのだ。

> 嗅覚感覚は、様々な生活の局面で、年齢層に関わらず、無意識下で様々な効果を発揮してくれます。息を止めることはできないので、匂いや香りは消すことはできません。うまく利用して付き合っていけば、私たちの健康に大きく貢献してくれます。1年間連載にお付き合いいただきありがとうございました。 ❶
>
> 「においの科学のウソ・ホント」 第12回 香りビジネスにチャンスはあるか?
> 東京大学大学院農学生命科学研究科生物化学研究室 HP

ああ、東原教授よ。本当にありがとう。そしてこれからの活躍を本当に期待している。学者たちの努力のおかげで、おれたちの快適な生活は成り立っている。未来が作られていく。おれはあなたと、その後進たちの研究を本当に応援している。ああ、本当に…………。あっ……。いや。あの。違うんです。これはですね。はい。そうです。クリスチャン・ディオールです。8万3500円の今冬スペシャルエディションです。ご名答。えっと。なんというか。その。ごめんなさい。生まれてきてすいませんでした。

4

君は20代前半の学生で、結婚していない。だから、たぶんここで描かれているシチュエーションの実体験はないだろう、ということで本作はフィクションと思われるけれども、フィクションの形をとったのは、どうして？

たまたま図書館で『香水瓶の図鑑』（ベルナール・ガングレール著、原書房）という本を見つけて、これについて書いてみようと思ったことがきっかけなんですが……そうは思ったものの、実際に香水瓶を眺めていてもぜんぜんおもしろくなかったんです。
　そもそも自分で香水を買ったこともないから、書きたいことが浮かばない。でも「匂い」から発想を広げてみたら、「浮気現場って絶対、匂いが残るよな」っていうのを思いついて、フックにしてみました。それで、フィクションに仕立ててみたんです。

なるほど、そうして「妻が留守中の自宅にお嬢を呼ぶ」という、人類史上最悪な男の物語ができたんやな。何かに興味をもって調べてみて、でも単に調べたことを書き出すのではなく「虚構」を設定する。そういうチャレンジを自分に課したんやね。

今回は一部ではなく、全篇フィクションだから、はたしてこれはエッセイとして提出していいんだろうかっていう疑問はありましたが……。

調べたことを効果的に伝えるためにフィクションという形式を選んだというのは、エッセイとしてアリです。ただね、やっぱりまだまだ「調べる」が足りていないな。

はい……。「〆切に間に合わせる」という時間との闘いも大変でした。たとえば、「匂い」というと「人間の五感の中で直接、脳につながっているのは嗅覚だけ」と聞いたことがあって、おもしろそうだなと思ったんですけど、調べ切れませんでした。

僕からしたら、このエッセイの中で一番びっくりしたのは「匂いは消せない。消臭剤は匂い成分を地面に落とすだけ」っていうところやね。「あいつら全部、床に行っちゃってるんだ」っていう驚きを一番強く、この文章から受け取った。ということは、たぶん君の「感動のへそ」がそこにあるってことやん。違う？

おっしゃるとおりです……。実は、匂い成分が床に落ちた後にモップとかで拭けば何とかなるんじゃないかと思ってたんです。でも少し調べただけでは何も出てこなかったので、そこには触れずに終えました。ここはいろいろな文献に当たってみるべきでしたね。

定めた「切り口」に関する、あらゆる一次資料に当たる

文献に当たる際、一人の学者の研究を追いかけるべきか、それとも同じ分野の別の学者にまで対象を広げるべきか、どちらでしょうか?

君がこのエッセイの中で引用している東原和成先生は、科学者の一人やんな。だったら、**エビデンスとして他の学者の文献を調べに行くのが、ライターの態度として正しい。**ただ今回は、東原先生の引用が、「においの科学のウソ・ホント」っていう一般向けのコラムで書かれていることだから、まず東原先生の学術論文を当たるのが正しいやり方ですね。

❶多くの消臭剤は匂い分子を消しません。シュッシュッとして空間にある匂いを

吸着させて地面に落とす、衣服についた匂いが飛んでこないように衣服に留める、というのが大方の原理です。

（中略）

「異性に好かれるフェロモンが欲しい」「あの女優はフェロモンを出している」と言った声（原文ママ）がちらほら聞こえますが、そもそもフェロモンとはなんでしょう。もともとは、1959年、メスのカイコ蛾が発してオスを引きつける物質が見つかった時につけられた言葉で、ギリシャ語で「運ばれるホルモン」という意味です。

（中略）

では、ヒトにはフェロモンはあるのでしょうか。残念ながらまだ見つかっていません。巷にフェロモン入り香水などが売られていますが、科学的根拠はありません。

（中略）

さて、「異性を引き付けるフェロモン」が欲しいですか？　でも、よく考えてみてください。もしそういう物質を身に付けたら、全ての異性が寄ってきますよ。実際は好きな人だけに寄ってきて欲しいのですよね。

（中略）

嗅覚感覚は、様々な生活の局面で、年齢層に関わらず、無意識下で様々な効果を発揮してくれます。息を止めることはできないので、匂いや香りは消すことはできません。うまく利用して付き合っていけば、私たちの健康に大きく貢献してくれます。1年間連載にお付き合いいただきありがとうございました。

「においの科学のウソ・ホント」
東京大学大学院農学生命科学研究科生物化学研究室ＨＰ

つまり、「一次資料」に当たるべし。コラムも、伝聞じゃなくて先生ご自身が書かれているものだから「一次資料」といえなくもない。だけど、より確実を期するならば、学会誌とか、どこかの大学や研究所の紀要に東原先生が寄稿されている論文を探す。見つかったら、「このコラムでは簡単に説明されているけど、東原先生は、このことを学術論文としてもまとめています。ちょっと難しいのですが引用します」って書けるから、より信憑性《しんぴょうせい》が増すよね。

それが見つからなかったら……？

他にも手はあるよ。東原先生のコラムをきっかけとして、それこそ他の学者の論文を探してもいいし、消臭剤が匂い成分を吸着する仕組みを調べてもいい。ひょっとすると、消臭剤メーカーが特許を取得したときの論文が発表されているかもしれないよね。もし消臭剤でないと匂い成分を床に落とせないとしたら、匂いを吸着する化学の秘密があるはずやん。

たしかに、水分の重みで匂い成分を床に落とすなら、霧吹きでもいいはずですしね。

そうそう。てな具合に、「あいつら全部、床に行っちゃってるんだ」っていうところから、いくらでも深掘りできる。**切り口はひとつでいいんだけど、それに沿っていろいろな「一次資料」に当たるというのが、新しい知識に接したときの正しい態度**なんです。

そうか……。一人の学者を追いかけて、その人の研究内容を羅列したら、ただの「学者の紹介」になっちゃいますもんね。

そうやねん。だから、切り口を設けるのは、あくまでもライターとしての自分自身なんや。でないと「自分の作品」にならない。今回のエッセイにしても、「消臭剤は匂い成分を床に落とすだけ」というところではなく、たとえば、もし、後ろの方に書いてある「ヒトのフェロモンはまだ見つかっていない」が「感動のへそ」だったら、そこを深掘りすればいいわけや。

切り口は違っても、アプローチ法は同じ。いろんな一次資料に当たるべし、ですね。

よくできました。ま、今回はいいでしょう。時間が限られている中で「間に合いませんでした」とはならずに、切り口を設け、自分なりに調べ、どうにか一篇を仕上げた。けっこう粗削りで強引に仕上げた感はあるけどね。

仮説を立てる

出発点は、「当てずっぽう」でいい——「?」を追いかける

あの、田中さん、伺いたいことがあります。よく聞く「仮説」とは何でしょう。調べる前に考えて、設定して、検証していくものですか?

いい質問! **仮説とは、ひとつのテーマ、あるいは着眼点をもって深掘りしていくときの「飛び石」みたいなもの**だと僕は思っています。

仮説というと、ある物事について「こういうことなんじゃないか」という説を立て、

その正誤が明らかになるまでずっと検証する、というようなイメージが強いと思うけど、別に最初に立てた仮説に固執する必要はないねん。

最初に当てずっぽうでも仮説を立てて、「本当にそう言えるか?」と調べたら、知らなかった事実が見つかって、別の仮説が立った。さらに調べたら、また知らなかった事実が見つかって、また別の仮説が立った——と、まるで飛び石から飛び石へと伝い歩くように、変容していっていいものなんや。こうしてどんどん深掘りしていって、最終的に、どう着地させたか? というのが「調べて、書いた文章」の基本構造です。


飛び石、ですか?


そう。**大切なのは、変容した仮説が芋づる式につながっていること**やね。

あちこち掘り返すんじゃなくて、ひとつの穴を掘り続ける。すると、ひとつの仮説から始まった先にある「本当のところ」「もっとおもしろいこと」を探しに行ってるわけだから、文章が変にねじれていくことはないし、散漫にもならない。

たとえ何がおもしろいのかわからないテーマで、最初はいやいや調べたとしても、何かしら発見があれば、それが、さらに掘っていく手がかりになるんです。その最初の発見をするためにも、はじめに「当てずっぽうの仮説」を立てることが大事です。

第一の当てずっぽうの仮説から始めたら、発見があるごとに第二の仮説、第三の仮説……という感じで調べものを進めていけばいいのか。

うん。そのときには「あれ？」っていう感覚が、けっこう大事。いろんなことが書かれている中で、自分が「あれ？」って思う記述に出合ったら、それを元に第二の仮説を立てる。そして第二の仮説について調べに行って、またいろんなことが書かれている中で「あれ？」って思う記述に出合ったら、それが第三の仮説の元になる。

いくつかの仮説が揃《そろ》ったところで、最初に立てた仮説がピント外れだったのか、いい線行っていたのか、ドンピシャだったのか——**結論はどうあれ、いくつかの仮説↓結論という組み立てができていれば、おもしろく読ませられるものになる**んです。

トンデモ仮説かもしれないけど、たとえば次のような仮説から始めたとしよう。

「北条政子は男性だったのではないか？」

調べたら「第一の仮説を裏付けるんじゃないか」っていう記述に出合ったとするよね。「この記述ゆえに政子は男性だったと考えられる」というのが、第二の仮説。さらに調べたら「この記述は女性だと断定しているな」というものに出合ったとする。「この記述ゆえに、政子は女性だったと思われる」というのが第三の仮説。
　そのうえで結論として、「やっぱり北条政子は女性でした」とするのか、「それでも私は、政子は男性だったという説を譲りたくない」とするのか、どちらにもっていくのかは自分次第だけど、「第一仮説、第二仮説、第三仮説……そして結論」という構造によって、読み応えのあるおもしろい文章になる可能性が、ぐんと高くなるんや。

じゃあ、最初の仮説は、たとえば教科書に載っている、あの真っ白で毛髪のない尼の北条政子像しか知らない状態で立ててもいいっていうことですか？

うん。後からちゃんと調べに行くわけだから、**最初の仮説は浅い知識で、どんなにバカなことでもいい**と思います。ちょっと調べて早くも第一の仮説が否定されたら、「そんなわけがありませんでした。自分がバカでした」って書けばいいだけやし。

第一の仮説を書いて、いきなり「自分、バカでした」でもいいのか。

そう。第一の仮説はさっさと引っ込めて、第二の仮説を示せばいい。

そうか。「調べる出発点」とするという意味では、最初の当てずっぽうの仮説っていうのは、たとえば「素朴な疑問」とかでもいいんですか？

うん。そういう意味では、前回のエッセイ「悩殺フレーバーを消せ！（61ページ）」を書いたときの君の最初の疑問、「浮気現場には匂いが残るよね？　どうやって消す？」というのも、仮説やねん。浅い知識しかない自分が抱いた素朴な疑問なら、その他大勢も共感する可能性が高いから、読者に読み進めてもらいやすくなる。

そうなのか……。仮説とはなんぞや、ということがちょっとわかってきた気がします。あることについて調べを進めていくための取っ掛かりなんですね。

そうやね。第一の仮説とは、これから奥深い知識の森に分け入っていくための最初の問い。そして調べる中で何かを発見するたびに新たに立ち上がる仮説が、第二、第三、場合によっては第四、第五と立てられて、結論に至るというわけです。

今はエッセイを通じて「調べて、書く」というのを自分なりに練習している最中ですけど、調べるために文献に当たっていると、正直、「いかにも論文って感じで、おもしろくないな」とか「この内容自体はおもしろいけど、今、書こうとしているものとは関係ないかも」ってモヤモヤすることがあるんです。

そこで伺いたいんですが、文献を読む・読まないの区別は、「おもしろいと感じるかどうか」ではダメですよね。どのように区別すればいいでしょうか？

うーん、調べを進めるごとに、自分が立てた仮説に対して「思ったとおりやん」「ぜんぜんちゃうやん」っていうドンピシャな答えばっかり出てきたら楽なんだけど、そんな簡単に出てこないことのほうが多いんや。だから**実際の調べる過程っていうのは、けっこう、あちこち寄り道したり、とっちらかったりするもの**なんです。

えー。「仮説は芋づる式につながっていることが大事」「あちこち掘り返さずに、ひとつの穴を掘り続けていくべし」（73ページ）に納得したばかりなのに……。

それは、あくまでも「最終的にまとめる文章の立て付け」の話。

調べたことを全部書くわけじゃないんです。実際のところは、最初に立てた仮説に連なるものばかりではなくて、まず、自分の「あれ？」の下《もと》に集められた種々雑多なパーツが並んでいるという状態になる。そこから、どのパーツを採用して文章を練り上げるかを考えるんです。

こうして、ようやく「最初、こんな仮説を立てて調べてみました（第一の仮説）。そうしたら、こんなことがわかったので、次の仮説を立てました（第二の仮説）。さらに調べたら、またこんなことがわかったので、今度は別の仮説を立てました（第三の仮説）。そして結局、こういうわけですね（結論）」っていう最終形態が出来上がるわけ。

調べている間は、ひたすら自分の興味関心の赴くまま、「あれ？」っていうのを優先して行ったり来たり、ちょっと明後日《あさって》の方向に飛んだりしていいんですね。

いいの、いいの。仮説を立てるのは大事やけど、そこにこだわらずに、**「あれ？」「あ**

れ?」「あれ?」って、あっちゃこっちゃ飛びながら思考したほうが、飽きずに調べていけるはず。それが結果的に、読み応えのあるおもしろい文章につながるんです。

そうか。調べる過程は「思考実験」に近いものなんですね。

仮説で盛大にボケるなら、最後までボケ倒せ

田中さん、またエッセイを書いてきました。

はい。今作のタイトルは、ジャーン!「北条政子は男である」。なんと、僕が言ったトンデモ仮説で書いてみることにしたんやね。それもディズニー・ピクサー映画「ファインディング・ニモ」で一躍有名になった「カクレクマノミ」に、鎌倉幕府を開いた源頼朝の妻、北条政子を重ね合わせるという、アクロバティックな一篇です。

北条政子は男である。

「**北条政子で仮説を立てろ**」と言われたら、そんな仮説を思いつく人も多かろう。僕も思いついた。が、さすがにアホな仮説だと思って滅却した。北条政子はどう考えてもスーパーウーマンじゃねえか。そう思っていた。**昨日までは。**

突然だが、あなたは**カクレクマノミのオスとメス**の区別ができるだろうか。僕はできる。昨日調べたからだ。オスとメスの区別をするためには、一番体の大きなやつを見つけるとよい。いちばん体の大きいやつが、メスである。クマノミは基本的にイソギンチャクの近くで生活し、**たった一組のつがい**とたくさんの幼魚が生活している。大きさでいえば、大・中・たくさんの小、といった感じだ。ここで体が一番大きいのがメスで、次に大きいのがオス。そして小さい幼魚たちは「**雌雄同体魚**」といって、オスでもメスでもなく、どちらの役割も果たすことができる。オスとメスがいて、もしも一番大きいメスが死ぬと、**メスの次に体の大きいオスがメスになる。**しかしそうすると、オスの座が空いてしまう。そこで幼魚の中で体の一番大きいやつがオスになる。なんとその繰り返しなのだ。だからといって、**それが北条政子と何の関係があんねん**と思ったそこのあなた。注目してほしいのは、カクレクマノミのオスがメスになると、**尾びれが黄色から白色になる**点である。**つまり、白色の個体は、かつてオスであったメスなのである。**

1

……おわかりいただけただろうか。

繰り返す。白色の個体は、かつてオスであったメスなのである。いまさら言うまでも無いが、日本人は黄色人種だ。このまえTwitter(現・X)で見ためちゃくちゃかわいい石原さとみも、黄色人種である。白い肌とはいえ黄色である。黄色なのだ。一般的に、いちど黄色い肌で生まれると、死ぬまで黄色い肌のまま。世界広しといえど、**人間で黄色から白になる個体**など聞いたこともない。

2

…………。

ここでもうひとつ、日本神話の女神アマテラスには、**本当は彼女が男神だったのではないかという興味深い仮説がある。**トンデモ論かと思いきや、意外にそうでもない。女神アマテラスは太陽神とされているが、神道において**男神は陽、女神は陰を司《つかさど》る**と言われている。そうすると女神アマテラスは月の神でなければおかしいのである。もともと太陽神として生まれた男神アマテラスは、どこかのタイミングで**性転換を余儀なくされた可能性が高い。**しかし誰が何を思って、そんな神への冒瀆《ぼうとく》をしたのだろうか。

3

有力な説のひとつとして『**日本書紀**』がある。神話をまとめたこの歴史書が編まれたのは720年。時の為政者には41代持統天皇、43代元明天皇、44代元正天皇など**女性天皇が多かった。**『日本書紀』を編纂《へんさん》した舎人《とねり》親王たちが、女性天皇の**皇位継承を正当化するために**太陽神アマテラスを急遽《きゅうきょ》女神にしたのではないかという理屈はなかなか興味深い。**712年『古事記』編纂**から、**720年『日本書紀』編纂**までの間隔はたった8年。『古事記』では黄泉の国でウジ虫だらけになるイザナミの逸話が、『日本書紀』ではなんと**その話ごとバッサリ切り捨てられている。**そこにはなにか政治的意図があるのではないか。中国思想に配慮したという意見が有力らしいが、女性に配慮したからという説もなかなか説得力がある。何より面白い。しかし、今回、その面白さを凌駕《りょうが》する仮説が生まれた。それがこちら。

「北条政子は、オスからメスになった」

こういう知識を先に知っていたら、あのときもっと趣《おもむき》深い
❶ 文章が書けただろう。少なくとも、家族や友人に胸を張れる文章は書けたはずだ。**白粉《おしろい》？**　そんなもの知らん。というわけで、続きは『「書く力」の教室』が売れたあとの続刊『**もっと！　「書く力」の教室**』の選考に残しておこうと思う。

4

さて直塚くん、このテーマで書いたきっかけは何だろう？

大学の講義で、先生が「天照《あまてらす》大神《おおみかみ》は男だった」という説があるって教えてくれたんです。びっくりして調べてみたら、たしかに女帝が相次いだ当時、「政治的理由で神様の性別が変更された」という説の記述が見つかりました。じゃあ、この説とくっつけたら、「北条政子は男だった」というトンデモ仮説で何か書けるかな、と。

でも、「天照大神は男だったかもしれない」説は有名かもしれないから、別の何か引きのある珍しい話が欲しいと思って「男から女に変わる生物」について調べてみたんです。そうしたら、カクレクマノミの話に行き着いたのでくっつけてみました。結果、自分としてはかなり好きな一作になったんですけど……どうでしょう？

はははは。「アホやな」と思わせつつ、「でも意外と調べてるやん」とも思わせるということで、ある意味「調べたところに自信が宿っている」作品になっているね。

第二の仮説、第三の仮説、という広がりは出せませんでしたが……。

かなりの短篇だから、そこまでの広がりが出なくても、ひとつの仮説を検証してみたということでいいでしょう。ただ、話の落としどころは唐突に終わっていることもあって、尻切れトンボ感がある。

❶「**北条政子は、オスからメスになった**」

こういう知識を先に知っていたら、あのときもっと趣深い文章が書けただろう。少なくとも、家族や友人に胸を張れる文章は書けたはずだ。**白粉？** そんなもの知らん。というわけで、続きは『「書く力」の教室』が売れたあとの続刊『**もっと！「書く力」の教室**』の選考に残しておこうと思う。

何しろ今作は、仮説で壮大な「ボケ」をかましているわけなので、最後までボケ倒したほうがいいね。

トンデモ説を言い切って終わる、とか。

そう。ちなみに今作は、もっと長く書くこともできたんちゃうかな？

そうですね。書こうと思えば続きが書けそうです。

いや、続きっていうか、今ある要素を深める。ちゃんと仕上げるなら、めっちゃ丁寧に書くことやね。クマノミのところは3000字くらいになるだろうし、『古事記』『日本書紀』のところは5000字くらいになりそう。このテーマだったら、すぐに1万字くらいは書けるやろな。その間に、第二の仮説、第三の仮説と広がっていく可能性も高い。そこで、コツを伝授しよう。これは短い文章を書くときも同じなんやけど、何のプランもなく書き始めると迷子になる危険性があります。

余談が入るのは構わない。そうすることで、「調べました。書きました」だけでなく、ライターの個性も表れた、おもしろい文章にできるんですわ。調べたら、こんなことがわかって、驚いた——この「調べたことによる感動のへそ」を作っていれば、いくらでも与太話を入れていい。ただ、そこでもやっぱり「序列」が必要なんです。

じゃあ、どうやったら序列をつけられるかといえば、**最初に「目次」を作ること。すると書きたいことが整理されるから、余談が連続してねじれたまま終わるという事態を避けられる。いくら脱線しても「感動のへそ」を中心に帰着させやすくなる**んや。

あの、目次、人生で一度も作ったことないんですけど……。

そうやろな。君の文章は勢いがあるけど、毎回、勢い任せで書き始めて、最後は力技でねじ伏せている感じがする。その方式で今は何とかなっていても、いずれ長めの文章を書くようになったら、目次は必須です。

あと、文章の中で「これから余談をしますよ」「今のは余談で、これから本筋に戻りますよ」と示すことも大事やで。ごく単純にいえば、こういう感じかな。

①「まず余談から始めるが、～」

②「さらにこれも余談なのだが、～」

③「と、すっかり余談ばかり続けてしまったが、私が今回、一番びっくりしたのは、～なのだ」

どの段階で「感動のへそ」を示してもいい。でも、**「今、自分は何を読まされているのか」をわかるようにしておかないと、読者は混乱状態になってしまう**んです。

「静かな文章」を心がける

ハンバーガー的文章とフィレステーキ的文章、何が違うか

この養成講座の初段階、「何を書くか」について伝えるパートも中盤に差し掛かってまいりました。直塚くん、現時点で他に気になってることはある？

はい。今、エッセイを書いている中で、いろんな人のエッセイを読む意識も以前とは変わりました。そこで不思議に思っているのが、内容そのものとは関係なく「なんか心地いいな」と思うときと、「よくないものを読まされたな」と思ってしまうときがあ

ることです。田中さん、いい文章と悪い文章って何が違うんでしょう？

読んだときの感触という点でいえば、**いい文章とは「静かな文章」**です。

文章には、大きく分けて「350円のハンバーガー」みたいな文章と、「2万円のフィレステーキ」みたいな文章があります。「350円のハンバーガー」はこってりと味が濃くて、ガッツリ食べ応えがある。主張が強すぎて、「うるさい」やつや。それに対して、「2万円のフィレステーキ」は、ほとんど空気みたいな食感なんや。それが「静かな文章」です。

静かな文章……空気みたいな食感の肉……!?

いや、ものの喩《たと》えやけどな。ハンバーガー、好きですけどね。要は、いいものって空気とか水みたいな感じで、スルスルと入ってくるのよ。主張しすぎず、つまりは「静か」なんです。文章も、そういうのはかっこいい。さりげないけど、心に響くんやな。だけど**「350円のハンバーガー」みたいな文章はくどくて、ダサい。要するに、「うるさい」**。**その筆頭は、「自分語り」です。**

SNSが普及して、誰もが自由に発信できる環境になってから、いつしか人は「何か書いて発信すれば、この世界の誰かが読んでくれるに違いない」「感動してくれるに違いない」と錯覚するようになってしまった。そして「何か書いて発信する」ときに、一番手っ取り早いのが「自分のこと」を書くことなんや。だけど現実は、「お前の話なんて誰も読みたくない」わけです。

でも以前（32ページ）、田中さんは「『お前』は必要」って言ってませんでした？

それと自分語りは違います。「お前は必要」というのは、「自分が行動した結果、考えた、感じた本当のところ」を書くために、矢面に立つ姿勢を見せるという話だったでしょ。「自分語り」は、誰に聞かれたわけでもない自慢話や身の上話をすることです。「自分を見せる」という点で両者は一見、似ているようでいて、まったく非なるものなんです。小麦粉を入れたら、パンが出てくる機械がある。その機械の自己紹介はいらんでしょ。「私は栃木県の工場で製造されまして、寸法と重量は……」「うるさい！　ええからパン出してくれ」ってなるやんか。

「かぶれた人」の文章は寒い——「言いたいこと」は優先させない

それからもうひとつ、「350円のハンバーガー」的なうるさい文章にならないために気をつけたいのは「かぶれた人」にならないようにすること。

あー、にわか知識をひけらかしたり……?

そうそう。そこに陥らないために必要なのは、「客観性」です。**空気や水のようなかっこいい文章を書くには、「対象から適度に距離をとること」が不可欠やねん。一番わかりやすいのは時間的な距離。**ある知識を本で得た「ばかり」のうちは、まだ文章にしないほうがいい。

たとえば、アドラー心理学の本を読んで「なるほどな!」と思ったとする。その思いのまま文章を書いたら「アドラーにあらずんば心理学にあらず」っていうものになるでしょう。

だけどアドラー心理学は、ものの見方の一手法であって、別の見方もたくさんある。

そういう他のものが目に入ってこないうちは、アドラー心理学について書くべきじゃないんだよね。

例を挙げると、「怒り」の感情ひとつをとっても、アドラー心理学にかかると、「怒りとは、他者をコントロールするための演技である」と説明されていて、読んだばかりのころは「たしかにそうだ！」って思っちゃう。実は『嫌われる勇気』（岸見一郎・古賀史健 著、ダイヤモンド社）を読んだ直後の僕自身がそうだったんだけど……。

有名な本ですからね……。僕も読みました。

でも、少し時間が経ってみると、「本当にそうかな？」と思えてきて、すると、別のものの見方・考え方が目に入るようになってくる。

僕の場合は、あるお寺のご住職が「仏教では、怒りとは悲しみの表現と捉える」とおっしゃっていたのを聞いて、「怒りの感情がすべて他人をコントロールするための演技とは限らない。理想像と現実のギャップが悲しくて怒る場合もある」って考えるようになった。

これくらい距離を置いて対象を眺められるようになって初めて、それについて書いていい状態になるんじゃないかと僕は思ってるんです。

前に筒井康隆さんの『文学部唯野教授』（岩波現代文庫）を読んでいたら、「大学生のころ読んだ哲学書の内容が、20年の歳月を経てようやく自分の中で熟成されて、それについて書いたり話したりできるようになった」と書いてあって、「23年しか生きてない僕はどうしたらいいんだ……」って思ってしまいました。考えまくれば、時間は短縮できますか？

特に哲学・思想に触れるときに気をつけたいのは、ちょっとかじっただけで自分が賢くなった気がして、その哲学・思想を安易に現実に当てはめようとしてしまうことです。「何かを学んだばかりの状態」って、「○○かぶれ」なんだよね。かぶれているうちは書かないほうがいい。たとえばニーチェを読んだばかりの「ニーチェかぶれ」の人が、何かニーチェの著作から引用して気の利いたことを書こうとがんばると、絶対に、その文章だけ浮いてしまうんです。

「ニーチェ読んでる俺」を出したいっていうのが読み手に透けて見えちゃいますね。

こんなにダサいことってないで。**引用するときは、「誰々はひとつの見方としてこう言っています。この局面においてはなるほどと思う」っていう客観性は常に意識すべき**やね。バカのひとつ覚えみたいに、知ったばかりの小難しい概念を使ってすべてを説明しにかかっている文章なんかは、本当に寒い。とにかく「かぶれた人」になっちゃダメです。

かぶれてる寒い人、いますね……。

言葉って不思議で、本当に腹落ちしている言葉にしか「真実味」は宿らないんですわ。**時間を置いて、ある程度、別のものにも触れて、自分の中で「たしかにそうだ」と思える状態になっている言葉でないと、「意味」をもって使えない。**

そういう状態になるまでには相応の時間が必要やけど、20年も費やさなくていいでしょう。ただこの場合は、視野狭窄《きょうさく》になっていたり、知見が足りないまま書いていたりするという事実は引き受けて書くべきだけどね。考えまくれば、1カ月とか、半年とか1年でもいいと思います。

うーん、勉強になりました。
ちなみに、田中さん。書く以上は、おもしろいものを書きたいじゃないですか。だから「俺が一番おもしろいものを書いてやる」って気持ちで書くんですけど……それはアリですか？

「書く以上は、おもしろいものを書きたい」――僕だって同じや。だけど「書きたい」だけが先に立ってしまうと、「350円のハンバーガー」になる危険性が高くなる。
「書きたい」って、要するに「言いたい」ってことでしょ。それは「うるさい」につながるんよ。**ライターが「調べて、書く」という仕事をするときには、「言いたい」よりも「知りたい」欲求のほうが勝《まさ》っていないとダメ**なんです。

知りたい欲求？

そう。**ライターにとって「書く」というのは自己表現の舞台ではなく、何かについて調べた過程を共有する場でないとあかんねん。**
創作を通じた自己表現は、書き手の「情動」「知らなかった感情」と関連している一方、随筆を通じた感動の共有は「知ること」「学ぶこと」と関連している。文章を通じて自己表現がしたいんだったら、作家になってフィクションを書くべきやね。物語なら、自身の情動や知らなかった感情を書いてもうるさくならない。創作の時点で己の心象をいったん自分から取り外し、登場人物に投影して、それを客観的に眺めるように表現しているからです。

一方、ライターになるなら、「知りたいから調べた。調べたらこんなことがわかった。驚いた。考えた。それを共有します」というスタンスがないと、「静かな文章」は書けません。つまり自身の「知りたい」と、文章というアウトプットが結び付いていることが、ライターという仕事のひとつの本質なんじゃないかと僕は思う。

でも、自分自身の「知りたい」欲のアウトプット先として文章を書く段階では、どうしても「言いたい＝書きたい」欲が顔を出しませんか？

そこは上から目線になってなければ大丈夫。あくまでも「知りたい」が勝っていることが大事やね。その後の「書きたい」で問題になるのは、単に書き方についての話なんです。

「俺様が調べた結果を教えてやる。どや、知らんかったやろ！」という書き方だったら嫌われる。「調べたら、こんなことがわかったんです。読んで読んで読んで〜！ 褒めて褒めて褒めて〜！」という書き方だったらウザがられる。でも「調べてみたら、ああ、驚いた！ 皆さん、これ、どう思います？ 僕はこう思いましたよ」っていう書き方ならウザがられないですよ。

あえて、皆まで言わない

さて、この流れで取り上げたいのが、いくつか直塚くんがまとめて提出してくれたうちの一作、こちらのエッセイです。

タイトルは、ジャーン！ 「流星群」。２０２２年10月のイギリスのトラス首相辞任劇から、話はオリオン座流星群へと展開し、最後には「10万年」という、人類にとっては気の遠くなるようなタイムスパンを示して締めくくられるという今作ですが……。

流星群

英国のトラス首相が在位45日で辞任した日は、オリオン座流星群が今年の夜空で最も輝く日でもあった。件《くだん》の流星群とは ❷ オリオン座、とくに狩人オリオンの剣に近い点から放射状に広がる流星の軌道である。流星群は夜空一面に現れることから、観測に当たってこの点の位置を知る必要はない。特別な装置も必要なく、天候が許せば世界中のあらゆる地域から見ることができる。

というわけで、私も外に飛び出してみた。しかし我が家の周りは光が強かったためか、はたまた雲が空を覆っていたためか、近所をぬらりと歩いてみても、流星どころか星を観測することも叶《かな》わなかった。みなさまはどうだろうか。運良く流星を目にすることができただろうか。そんなことを知る由《よし》もなく自宅やオフィスにいた人もあろう。知っていても見られなかった人もあろう。しかし残念がることはない。11月の中旬にはしし座流星群がやってくる。どうしても同じオリオン座流星群を見たいのならば、来年まで健やかに過ごすのがよい。

なんにせよ空を眺めることや、空の美しさを語ることは自由である。オリオン座流星群の母天体はかの有名なハレー彗星《すいせい》。

1

その軌道は年に2回、5月と10月に地球の軌道と交差していて、その軌道上に分布する彗星の塵《ちり》が地球の大気に飛び込み、上空100km前後で発光して流れ星となる。10月がオリオン座流星群、5月がみずがめ座η《エータ》流星群と呼ばれている。起点となったオリオン座は冬を代表する星座であり、天文に疎い私もその姿を空に認めることができる。

私はかつて友人から「そんなことより空を見ようよ。今日はしし座流星群が来るんだよ」と言われたことがある。そいつの愚痴に真剣に答えていたのに「そんなこと」呼ばわりされたのは理不尽だと思うが、気に留めることもない日々のやり取りの中で、今も忘れられないほど印象深い言葉だ。ついぞ彼女に好意を伝えられなかったことだけが悔やまれる。「そんなやつとは別れなよ」と言うのが正しかったのだろうか。しし座は未《ま》だ覚えられない。

NASAは流星群を見る少なくとも30分前には外に出て、夜空に目を慣らすことを推奨している。暗闇に慣れて目の感度が高まり、より細かい部分が見えるようになるまで約45分。携帯電話の明るい画面や街灯を見ると、そうした夜間視力が台無しになってしまうそうだ。そのため熱心な天文好きは今も山に貼り付き、オリオン座をじっと見つめていることだろう。当然のことだが、流星は観測できないかもしれない。用を足

2

しているうちに見逃すこともあろう。しかし奇跡にも近い最上級の無料エンターテインメントを見過ごさないためには、何も見えない夜空を見続けることを止めてはならない。何も光らない暗い空を気長に楽しめる人でなくてはならない。

オリオン座の一等星ベテルギウス。最近ではこの星が近いうちに超新星爆発をするのではないかと言われている。近いうちとは、早くて10万年後のことなのだ。 ❶

3

直塚くん、たぶん無意識にだと思うけど、これは「静かな文章」だと思うな。

えっ、そうなんですか!?

うん。たとえば最終段落を見てみよう。

> ❶オリオン座の一等星ベテルギウス。最近ではこの星が近いうちに超新星爆発をするのではないかと言われている。近いうちとは、早くて10万年後のことなのだ。

「近いうちとは、早くて10万年後のことなのだ」——ってサラッと終わってるでしょ。ここで君は、**「あえて、皆まで言わない」**ことを選んだんだと思う。たぶん頭の中には、トラス首相が辞任するまでの「45日間」と、ベテルギウスが超新星爆発を起こすまでの「近いうち＝推定10万年」という、ふたつの時間軸の対比があったんじゃないかな?

そうです。最後に「そんな壮大な宇宙の時間の流れに比べたら、45日など些細《ささい》なものだ」と書くかめちゃくちゃ迷って、入れませんでした。くどいかなと思って。

やはりね。最後の「10万年」で、冒頭に触れた「45日間」が回収される。

❷英国のトラス首相が在位45日で辞任した日は、オリオン座流星群が今年の夜空で最も輝く日でもあった。件の流星群とはオリオン座、とくに狩人オリオンの剣に近い点から放射状に広がる流星の軌道である。

だけど、その意図を、あえて皆まで言わなかった。もし、その「迷った末に入れなかった一文」があったら、せっかくそこまで壮大に織りなした文章が一点に集約されて、全体が台無しになっていたと思います。

今作は、書き手が「言いたい」ことをすべて言い切らずに、「書き手の意図の受け取りを読者に任せる・委ねる」っていう試みが幸いにも成功している作品なんや。

読者が読んだ後、余韻に浸りながら「近いうちといっても10万年なのかぁ。そんな遠大な天文学の時間軸からしたら、45日間なんて些細なものだ」と、ぼんやり思ってくれたらいい。まったく違う想像を働かせる人もいるだろうから、「届く人には届けばいい」っていうことやね。**「一定数の読者を信頼する」**と言ってもいい。

「自分の個性をしっかり出さなきゃ」とか「僕の思っていることをわかって」って思うと、つい一言多く書きたくなりそうです。その欲との闘いが難しいですね。

そうやね。**全部説明しちゃうと「粋」にならへんねん。**しつこくて、野暮な文章になってしまう。だから、言い切らずに寸止めする。そのためのコツは、「自分語り」をしない、「○○かぶれ」にならない、「言いたい」を優先させないなどや。そういう「静かな文章」を心がけると、つい皆まで言ってしまう落とし穴にはまらず、よい加減のところを狙って終わる文章を書けるようになるでしょう。

編集者、校正者の視点をもつ

心の中に「ツッコミ役」の自分を養う

空気とか水のような「静かな文章」を書けるようになるには、**自分の中に「ツッコミ役」のもう一人の自分を養っておく**のが大事だと思う。

　自分が書いたものの最初の読者は自分自身や。だから「こんなの付け焼き刃やん」「にわか知識にかぶれてるだけやろ」「その言葉、言いたいだけやん」「自分が前に出すぎやねん」って冷静に自分自身にいちいちツッコミを入れさせる。そうやって、ウザい、ダサい、くどい、暑苦しいところを潰していくわけ。ひとつ、ごくシンプルな方法を挙げると、**「主語を消す」と、「静かな文章」になりやすい。**

えっ、主語を消したら、かえってわかりにくくなってしまうんじゃ……？

いやいや、日本語って主語がなくても成り立つやんか。特にエッセイは自分が語り手なわけだから、いちいち「私はこう思った」「私はこう考えた」って書かなくても、誰が思っているのか、考えているのか、読者には伝わるねん。

今後は、ひととおり文章を書き終えたら、「私は」「僕は」でキーワード検索してみるといい。で、たくさん見つかったら、できるだけ削ってしまう。

ちなみに、自分で自分の文章をチェックする方法は他にもあります。

まず、**パソコンで書いた文章は必ず紙に刷り出して読む**こと。パソコンの画面では透過光、紙に刷り出したものでは反射光で文字を読むから、光の環境を変えるだけでも、誤字脱字など、パソコン上では見落としていた誤りに気づけたりするものです。

必ずプリントアウト、ですね。

次に、**紙に刷り出したものは目で読むだけでなく、音読**してほしい。僕は、すべてのライターは自分の書いたものを音読すべきだと思っているんです。

人間は、「読む」よりも先に「話す」ことをしてきた。だから、「声に出して読みやすい文章」は「頭に入って来やすい文章」になるんです。

今どき声に出して文章を読むのは子どもだけ。大人にとっては、声に出して読みやすいかどうかなんて関係ないって思うかもしれないけど、実は僕らが何かを気合い入れて読んでいるときって、けっこう口の中で舌が動いてるものなんです。それくらい人間は、日常的に音読に近いことをやっているので、やっぱり「声に出して読みやすい文章」であることは大事やね。

音読するときは、ゆっくりと穏やかに、俳優の森本レオさんとか下條アトムさんみたいな「いい声」を意識して読むといいよ。冗長な文章は読みづらい。うるさい文章なんて、もう最後まで読まずに放り出したくなる。「ゆっくり読んでも耐えられる文章」こそ、本当に無駄のない文章、「静かな文章」といっていいんじゃないかな。

森本レオ、下條アトム……。

そして3つめ。**文中の「エフェクト」をすべて外して読む。**たとえば、文中の単語や行を強調するために太文字にしたり、文字の大きさを変えたりすることがあるよね。おもしろく読ませるために効果的ではあるけど、文章のまずさや誤字脱字をチェックする際には「ノイズ」になる。だから、もとのテキストだけにして読む。

同じ考え方で、横書きで公開されるものでも一度は縦書きにして読んだほうがいい。日本語は本来、縦書きや。そう考えると、横書きも一種のエフェクトといっていいかもしれない。実際、横書きのものを縦書きにすると、「なんで今まで、ここ、気づかなかったん?」っていうくらい間違いが見つかるものなんです。

早速、やってみます。

「誰かに読んでもらう」のも手

自分の中に「ツッコミ役」を飼っておくっていうのは、つまり「文章を推敲《すいこう》する」ということです。そしてどれほど経験を積んでも、推敲不要になることはないと断言できる。そんなライターの話は聞いたことがありません。

推敲の必要性は永遠のもの。わかりました。より的確に推敲するために、誰かに読んでもらうのも手でしょうか？

うん。自分でも、ちゃんとチェックできるようにしておいたうえで、**冷静に読んでツッコミを入れてくれる協力者がいたら心強い**でしょう。これが仕事になると、その役割を担ってくれるプロがいるんや。そう、「編集者」「校正者」です。

　編集者はライターの仕事の依頼主。つまり、人に依頼して書かせた文章を世に出し、お金《かね》儲《もう》けをしようとしている立場です。これはちょっと嫌な言い方やけど、だからこそ編集者の目はシビアやで。その文章が人にどう受け取られるか、ライターの意図が伝わる文章になっているか、そもそも依頼した自分の期待に応えるものになっているかなどを考えながら、めっちゃ厳しい目で読んでくれます。

お金が絡んでいるからこそシビアになる。お金、大事ですね。

ちなみに校正者は、編集者とは少し違う視点でシビアに文章を読む立場やね。書かれている内容に事実誤認はないか、差別表現や不快表現は使われていないかなどをチェックする。誤字脱字、変換ミスなどの単純ミスを正す。表記を統一する。こうした「ライターが自分では完全にチェックし切れないけれども、間違ったまま世に出たら恥ずかしい間違い」を、鬼のような細かさで正してくれる頼もしい存在です。

校正者さんは、内容に間違いがないかをチェックするために、ライターが使った資料を洗いざらい見たりするんですか？

それどころか、ライターが参照していない資料に当たることもしょっちゅうです。たとえば、何となく書いた次のような文章があったとする。

「時は1956年9月4日、その日の夜空には上弦の月が浮かんでいた」

校正者は、「本当にこの年月日に上弦の月が浮かんでいたか？」を確かめるために過去の月齢を調べ始めるんや。

すさまじいですね……。

こういう「地味にすごい人」たちの存在なくして、ライターの仕事は成り立ちません。いくつもの目を通してゴーサインが出たものだけが、晴れて世に出るんや。

プロのサポート、ありがたい……！

もちろんタダじゃない。だからプロなんだけど。ただ、ウェブ媒体の場合は勝手が違って、提出した原稿がほとんどチェックされることなく掲載されるケースもある。ましてやnoteなどで個人的に文章を発表するというのは、リスクだらけや。

そうなると、間違いのない文章を公表するには、ライター自身が編集者と校正者を兼務しなくちゃいけない。だけど、これが難しい。余計な一言に気づけなかったり、逆に、「言いすぎ」を気にするあまり過度に削って、「らしさ」が失われてしまったり。校正・校閲的にも、一人よりは二人の目を通したほうが確実や。だから書いたものを読んで、修正点を指摘してくれる協力者をもつというのは、とてもいいことなんです。

「怒る人」が必ずいることを忘れない

「斜に構えた態度」「上から目線」は嫌われる

ただ、君が**どれほど心を尽くし、注意して書いても、君の文章を不快に思う人は絶対にゼロにはならない。**自分の文章が広く読まれるようになればなるほど、世に出したものに対して、どこかから石が投げられてくるのがライター稼業や。

炎上リスクの話、伺いたいとは思っていましたけど……。怖いです。

うん。まず**不用意なことは書かないように注意するのは不可欠**やんな。これはいわゆる「不適切表現」に気をつけるのはもちろん、読者に「斜に構えてる」「上からものを言われた」と思われないように細心の注意を払うということでもあります。「個性を出そう」とか、「ちょっと変わったことを書いてやろう」っていう気持ちがあると、ともすれば、他人を、世間をナメている風に受け取られてしまう。「なんだこいつ、偉そうに」って反発を買うこともある。そして人は、こっちが思っている以上に「斜に構えた態度」「上から目線」に敏感なんや。

SNSでは毎日見ますね。

「文章を読む」というのは、「書き手と向き合う」こと。誰かと向き合ったときに、相手がなんか斜めから見てきたり、ふんぞり返っていたり、あろうことか机に両足が乗っていたりしていたら、「こいつ、感じ悪っ！」って思うでしょ。これと同じことが、何分か時間を割いて文章を読んだときにも、いとも簡単に起こりうるんです。

これは文体じゃなくて姿勢の問題や。ナメた文体で売っている人もいるけど、その実、姿勢そのものはナメてないっていう絶妙なラインを守ってる。高等テクなんです。

だけど、ひとたび「こいつは、姿勢がナメてる」と思われたら、「こういう作風なんだな、おもしろいやん」なんて受け入れてもらえることはまず、ない。「金輪際《こんりんざい》、こいつの書いたものは読まない」って思われる可能性もあるし、口汚く攻撃される可能性もある。

そもそも、**ナメた態度を取る人こそがナメられるのであって、きちんと他者に敬意を払っている人は大事に扱われるもの**なんです。ナメない人ほど、ナメられない。そう考えても、本人はまったく斜に構えたり、上からものを言ったりするタイプでもないのに、「こいつ、ナメてる」と思われるのは損でしかないで。だから何度も読み返して、そう思われる可能性があるところをひとつひとつ潰していくわけです。たとえば、次の①と②の文章を見比べて、敬意が感じられるのはどっちだと思う？

①価値ある仕事、ひとつできました。

②ライターとしての初仕事をいただきました。

絶対に②ですね。僕は学生なので、「誰に対しても敬意を伝えられる言葉遣い」に慣れてません。「ナメたやつ」と思われる可能性があるんじゃないかと心配してます……。

非難に対する反論・説明は逆効果

さらに怖い話を続けると、**「ナメてる」と思われないように細心の注意を払ってもなお、君の文章を不快に思う人はゼロにはなりません。**

そこまでやっても、嫌う人はいる……どうしたらいいんでしょう？

必要なのは「覚悟」やな。仮**に非難されたとしても、ただ受け止めて、反論しないっていう覚悟がライターには必要**なんや。

公になったものは、誰の目に触れるかわかりません。そして何を書いても文句を言う人は言ってくる。書くことは、他者からの称賛も非難も、無視ですらも、受け入れることなんです。そういう声に、「いや、そうじゃなくて」なんて反論や説明を試みても逆効果にしかならないから、まずは受け止める。そこからの選択肢はふたつです。ひとつは「無視する」、もうひとつは、ひそかに非難を自分の文章にフィードバックさせて、「じゃあ、次はこういう書き方をしよう」と自分の中で方針を修正する。

無視するのも選択肢なんですか?

そりゃ、単なる人格攻撃とか、自分の文章へのフィードバックとする価値すらないクソみたいな意見は黙殺するに限るでしょ。僕なんか、長年の勤め先を辞めて、ぜんぜんわけのわからない逆境からのスタートやで。当時は、何を書いても「元電通のクソ野郎」って言われた。

そこで僕が「いやいや、僕はもうとっくに電通を辞めていますし、関係ないです」なんて反論したら終わり。余計に炎上するだけやった。だから、「そういうご意見もある」と受け流すこと。電通について何を言われようと、それは本来、僕が生きていくこと、書いていくこととは関係がないわけだから、気にするだけ時間の無駄なんです。

ただ、読んだ人からのネガティブな反応は何でも自分裁量で黙殺してよし、というわけではありません。いわれのない誹謗は無視してもいい一方、自分の文章が誰かを傷つける可能性、怒らせる可能性があることを忘れてはいけないんです。**自分にはそんなつもりがなかったのに、誰かを傷つけた場合、怒られた場合にどうするかは、決めておいたほうがいい。**

えーっと……何を決めておくんですか？

謝り方と、見せ方のふたつやね。まず、謝り方で大事なことは「他人のせいにしない」こと。謝罪しながら結局、「文句をつけてくるあなたが悪い」というスタンスはダメということやね。最悪なのは、「そのつもりはありませんでしたが、あなたがそう取るなら申し訳ない」。

よくありますね、その謝罪。感じ悪いですよね。

うん。そして、見せ方としては、「いろいろな人に見えるように表で謝る」「その人だけに直接謝る」、このふたつの見極めが大事やね。世の中のたくさんの人に迷惑をかけたと判断したら、謝罪文を公開する。クレームを言ってきた人が個人的に傷ついているんだなと判断したら、メールや手紙を書く。

なんでも表立って頭を下げればいいわけじゃないんだ。

個人に対して謝るべきケースなのに公開の形式で謝罪すると、「ああ、こいつは悪いことをしたんだ」と炎上が広がる場合もある。

うーん……。芸能人の不祥事の謝罪会見でも、「なんでそういう言い方しちゃうかな」って思うことがありますよね。なんだか、一人でやっていくのが怖くなってきました。

そう。その意味でも、さっき話したように書いたものへのツッコミ役を担ってくれる協力者がいるといいよね（108ページ）。人を傷つけないよう、怒らせないように気をつける必要はある。かといって、気にしすぎて自分の「らしさ」が失われてしまったら、つまらない。

　そういうところのちょうどいい塩梅《あんばい》を探るためにも、やっぱり自分以外の誰かに、世に出す前の読者になってもらって、「ここの表現はちょっときつくない？」「今、世間はこの話題にセンシティブになってるから、あまり、おもしろおかしく語らないほうがいいんじゃない？」っていう指摘をしてもらえる体制を整えておけるといいよね。

それに、**人は一人ぼっちだと、非難されたときに言い訳をしたくなるもの**です。

　そんなとき、そばにツッコミ役がいてくれたら、「今、それはやめたほうがいい」って言ってくれるかもしれない。そうでなくても、いわれなく非難された悔しさを分かち合うことで気持ちが収まれば、また次の文章に向かうことができるやんか。

「書く」という孤独な行為も、伴走者がいると心強そうです。プロの編集者さん、校正者さんのお仕事ぶりも、いつか、ぜひ見てみたいと思いました。

じゃあ、早速、次は「編集者と仕事をするとは、どういうことか」を体験してみよう。今まで自由に書いてきてもらったものは、勢い任せでも許された。何なら勢い余って、多少、ナメた感じがあっても受容してきました。だけどこれからは、まったく違うフェーズに入ります。いよいよ本格的な「プロのライターへの道」の始まりです。

COLUMN 1

準備の質で、アウトプットの質が決まる

STEP1では、直塚くんに「好きなテーマで好きなことを書いてきてください」という何とも大ざっぱな課題を出し、提出されたエッセイを元に講義をしました。粗削りなところも多いけれど、書くことを楽しんでいる様子が窺《うかが》えました。

ところで直塚くんは、話すことが得意ではないといいます。その時々の瞬発的なやり取りを続けていく会話では、「準備」ができない。しかし文章を書くときは準備できる。だから話すことよりも書くことに意識が向き、実際に書くようになった、と。

たしかに、書くときは準備ができます。もとい、書くときには準備が必須です。準備の余地があるからこそ、生半可な準備で書くことに臨んではいけないのです。

準備の質が、仕事の質を決すると言っても過言ではない。続くSTEP2は、初の依頼仕事を通じて「ライターの仕事における準備とは何か」から学んでもらいましょう。

第1章で
一番大事なことを言います。

いい文章は「感動のへそ（感動したポイント）」が明確。
それがフィクションであっても、書き手が誠実に
書いているのが伝わったとき、読み手の心は動く。

「参照した資料の信頼性の高さ」が
「文章の信頼性の高さ」になる。
様々な一次資料に当たることが大事。

調べるプロセスの中で、仮説は移り変わって
いくもの。結論に至るまでに複数の仮説を
経ることで、「読ませる文章」になる。

書き手は「言いたい」よりも
「知りたい」を優先させること。
「自分語り」の多い文章はうるさく、寒い。

すべての文章に「炎上リスク」がある。
編集者・校正者の視点をもって、客観視しよう。
あるいは、第三者に読んでもらおう。

取材・構想

STEP 2

準備は、
自分を支えて
くれるんや。

備えあれば
患いなし、
ですね。

第2章

準備する

「自由なテーマで文章を書く」トレーニング、お疲れ様でした。次は、「クライアントから仕事を受注して、文章を書く」というトレーニングをしてもらいます。

え、もうお仕事をいただけるんですか⁉

うん。仕事は何でもそうだと思うけど、ライターも、結局のところ座学よりも、実際の仕事を通じて学ぶことのほうがずっと多いんです。だから一種のOJTとして、僕の出版社・ひろのぶと株式会社から君に「仕事」として発注します。「書いて対価を得る」とは、どういうことか。実際の仕事を通じて学んでください。

君はおもしろいし、書く文章にも光るものがある。だけど「調べて、書く」という点では、学ぶべきところが多いです。ちゃんと準備をして取材をする。取材したものをひとつの文章にまとめ上げる。さらには、「個人的に自由に書いたもの」としてではなく、「報酬が生じる仕事」として公表されることを念頭に推敲を重ねる──という取り組みを通じて、プロのライターとしての第一歩を踏み出そう。

ＳＴＥＰ2での僕は、君の「講師」であると同時に「仕事を発注したクライアント」でもあります。先に言っておこう。今まで自由に書いてきてもらってきたけど、「仕事として書く」となると、だいぶ勝手が違うよ。でも大丈夫。君なら、きっとできます。

わかりました。心して臨みます！

さてこのたび、当社、ひろのぶと株式会社より直塚大成様に依頼申し上げたいのは、当社から出版された田所敦嗣《あつし》氏のデビュー作『スローシャッター』の著者インタビュー、および2000字程度のインタビュー記事のご執筆です。
当社では、本書のPRのために無料リーフレットを制作し、書店様に配布しようと考えております。著者インタビュー記事は、そのリーフレットのメインコンテンツとなります。報酬は2万円（税別）にて、ご検討いただければ幸いに存じます。

いきなり、めっちゃ丁寧ですね！　急に座り直した！

お仕事の依頼ですので、当然かと存じます。スケジュールなども含め概要をまとめた文書も提示いたします。次のようなものです。ご高覧ください。

『スローシャッター』著者 田所敦嗣
インタビュー記事制作のご依頼

1　資料の目的

現状では本を読まないと伝わらない以下のポイントを短い資料で伝え、

「ただの旅行記、他の紀行と違うから売り場に置いてみようかな」

「海外、旅以外にも、こんな切り口で特集に取り上げられるかも」

「こういう人が書いた本なら、読んでみようかな」

など、本を手に取るきっかけを作る。

伝えたいポイント

▶ **田所さんの人柄**

- 一般の人（職業作家や著名人ではない）であること、
  サラリーマンであること
- 性格や人との関わり方、仕事で大切にしていることなど

▶ **仕事での交流であること**

- 行きたくて行っているわけではない点
- 観光地ではない点

1

2　想定使用場面

▶ 書店営業時にお渡しする
▶ メディア献本時の参考資料
▶ 書店に本と一緒に置き、お客様に手に取っていただく
▶ ひろのぶと株式会社の直販サイトやイベントでグッズとして置く

3　資料のページネーション（大枠構成）

▶ A5、4ページ冊子（A4用紙を二つ折りに）、フルカラー

直塚さんに執筆いただきたい記事部分は以下です。
▶ 記事タイトル
▶ 表1リード部分
▶ 表2、表3　記事本文

4　字数

▶ 表1リード部分：200文字程度（MAX270文字）
▶ 表2、表3　記事本文：2,000文字程度（MAX2,200文字）

※字数は少なめなほうが、デザイン配置上の調整が利くため

2

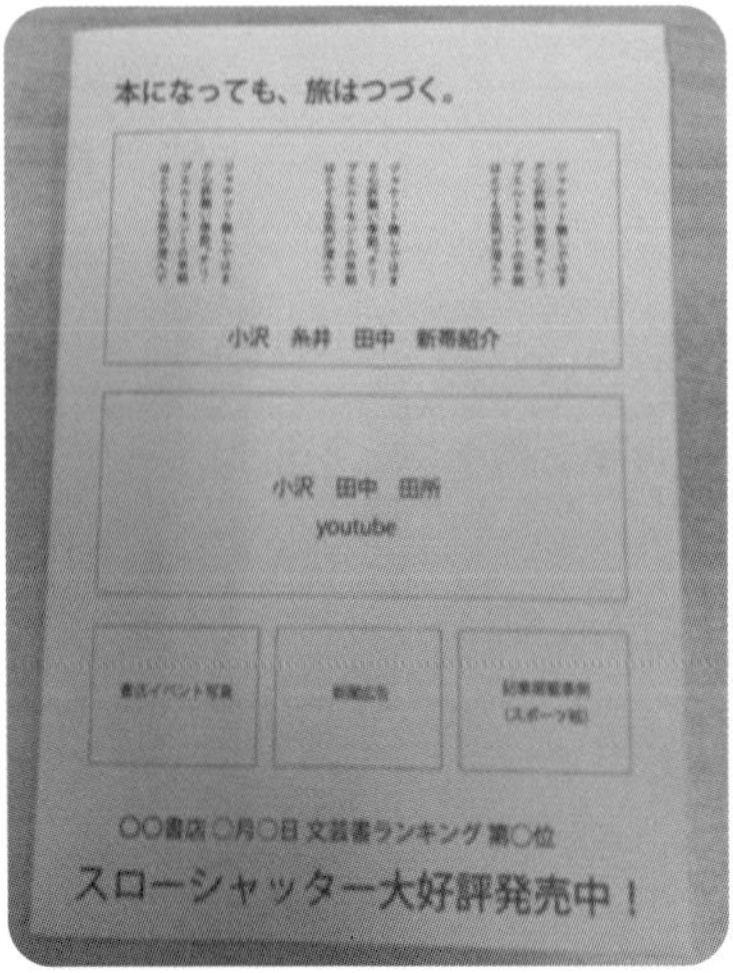

表4（当社にて作成します）

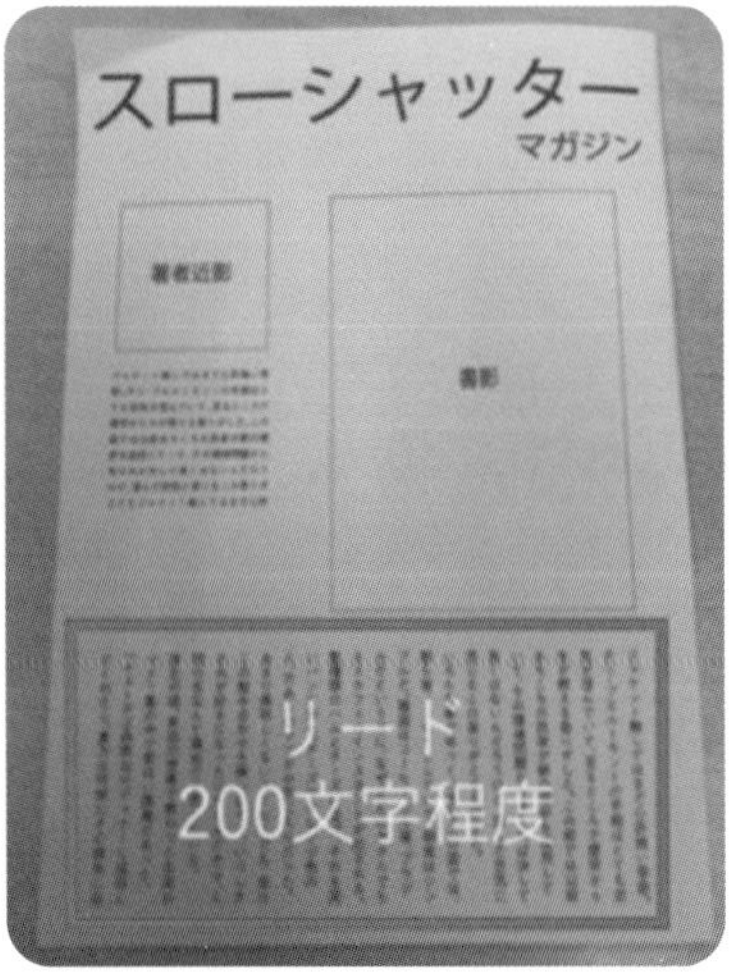

表1

表2 表3
※テキストはダミーです。

3

ありがたいです。削る調整は後からできるので、まずは必要だと直塚さんが思われる情報・内容は入れていただき、必要に応じて調整 / 削る部分をご相談できればと思います。

5　スケジュールについて

▶ 初稿〆切：取材から 1 週間後（5 営業日後）

また、初稿をいただいた後も
・原稿修正
・ゲラに入れ込んだ上での調整
が発生する可能性があります。

そのほか、進行にあたり必要な情報などございましたら、
ご遠慮なくお問い合わせください。
どうぞよろしくお願いいたします。

4

「敬意」が伝わるかどうかは準備次第

取材相手の「代表的な仕事」は必ず押さえる

今回の仕事の手順は大まかに「取材準備→取材→取材の文字起こし（録音データをもとに、取材中のやり取りを書き起こすこと）→執筆」です。順調に進んでる？

迷っていることがあります。今回は『スローシャッター』の著者インタビューなので、この本を読み込んでおくことは必須ですよね。でも、その先の準備は……。

紀行エッセイ集である『スローシャッター』を読み込むことは当然、めちゃくちゃ大事やね。準備をどのようにしておくかによって、取材相手に与える印象は大きく変わってきます。そしてそれは完成した記事の出来に直結してくるので、ものすごく重要なんです。

まず、相手の代表的な仕事については当然、知っておかなくてはいけません。相手が著述家ならば、その人の代表作は必ず読んでおく。相手が実業家だったら、その人の代表的な業績を頭に入れておく。はたまた相手がスポーツ選手だったら、その人の代表的な戦績や試合は把握しておく。こういう準備を怠って、たとえば田所さんに「今まで、どんな国を旅してこられたんですか？」なんて聞いたら、「ああ、自分のことを何も調べずに来たんだな」と思われるだけです。著書を読めばわかる。人によっては、そこで大きく心証を損ねて、口が重たくなりかねません。

相手の代表的な仕事を知っておくのは、「敬意の表し方」の基本。僕にも2冊ほど著作があるけれども、そのどちらも読んでこなかった取材者のことは、一生許さへん。

うう、準備の仕方次第で、一生打ち解けられない人を作ってしまうかもしれないなんて……。恐ろしすぎます。

代表作、SNSの発信、ブログ……どこまで目を通すか

次に、君が迷っている点に答えましょう。結論から言うと、これは「取材の目的」によるんです。「誰に向けた文章を書くための取材なのか」ということやね。

今回君に依頼しているインタビュー記事は、「田所敦嗣」という新しい作家の魅力を伝えることで多くの人に『スローシャッター』を手に取ってもらえるようにするものです。したがって、今回の取材の目的は、「田所敦嗣を知らない人に向けた記事を書くため」、そして「田所敦嗣を知らない人に『スローシャッター』を買ってもらうようにするため」。そう考えると、さっきの迷いに対する答えもわかるよね。

『スローシャッター』という作品でデビューした作家・田所敦嗣の魅力が伝わるようにすることがミッションだから、準備も『スローシャッター』を中心にすればいいわけです。田所さんのSNSやnoteは、余裕があれば目を通してもいいけど、今回は必須ではないでしょう。事前情報が多いことで、取材内容が多岐にわたりすぎてしまうのも避けたい。取材準備から執筆まで、「この人のことを知らない人に、よさを知ってもらいたいな」という気持ちで取り組んでもらえれば、いいものができると思います。

ただ、もし『スローシャッター』が大ベストセラーになっていて、田所さんの仕事や人間的魅力が世間に知れわたっている状況だったらこの本を読むだけでは足りない。

SNSの日常的なくだけた発信をつぶさに追いかけ、ことによると田所さんとプライベートで時間を一緒に過ごさせてもらったりして、「まだ広く知られていない田所敦嗣」を引き出さなくてはいけない。一部のコアなファン向けの記事を書くとなれば、なおのこと、マニアックな情報も把握したうえで取材に臨む必要が出てくるね。

書いたものの先に「誰がいるのか」によって取材の準備は違ってくる。

そう。**取材準備という初期段階から、最終的に「誰に向けて書くのか」は意識すべし。**それが、仕事では必須の「クライアントの要望に応える」ことに直結するんです。僕は拙著『読みたいことを、書けばいい。人生が変わるシンプルな文章術』（ダイヤモンド社）で、「誰かに向けて書かなくていい」と繰り返し述べていますが、それは「自分の文章を読むのはまず自分だから」であって、クライアントが設定したターゲットを最初から無視しても仕事が始まらない。

取材はライブだからこそ、「計画どおり」に進まない

準備が完璧でも、うまくいくとは限らない

よし、今教わったやり方で完璧な準備をすれば、取材はうまくいきますよね？

ところが、そうでもないんや。準備が空振りになることもあれば、こっちが準備したことがかえって心証を害することもある。**取材とは、自分と相手の間で展開していく「会話」、つまりライブなんや。もとより、こちらの計画どおりには進まないものなんです。**

そ、そうなんですね……。

友だちと話しているときだって、「準備したとおりに」なんて考えへんやん。出たとこ勝負、といったら言葉が悪いかもしれないけど、いざ取材に入ったら、もう相手の顔色や反応を見ながら臨機応変に進めていくしかないんです。

なるほど……。まずは、とにかく相手の気分を害さないようにしたいんですけど、田中さんは取材相手を怒らせてしまったこと、ありますか？

取材ではないんだけど、仕事の現場で不用意に発した言葉のせいで、雰囲気を悪くしてしまったことなら、ある。

　とある有名スポーツ選手との広告の仕事のときに、控室で「○○さんは、やっぱりこのスポーツが大好きで、ここまで来られて……」みたいなことを言ったのね。

　僕としては場を和ませるアイスブレークのつもりだったんだけど、そのスポーツ選手、表情が硬くなって「いや、僕、大嫌いですよ。しんどいし、もうやめたい」と。場が和むどころか、凍りついてしもうた。

電通勤務時代のお話なんですね。

こんな風によかれと思って言ったことが、逆鱗《げきりん》に触れるかもしれない。**取材は相手のあることだから、相手に応じてこちらも出方を考えないといけないい**んです。

こういうところはもう、場数を踏んで、だんだん図太くなって、臨機応変の勘をつかんでいくしかない。今回の田所さんのインタビューは、その第一歩というわけです。

準備はしても、見せてはいけない

取材はライブなので、何が起こるかわからない。それでも準備は必要なんでしょうか？

もちろん。取材相手の情報を集める。そして聞くべきこと、聞きたいことをリストアップするのは、カードゲームでいえば手持ちのカードを集めるということ。全部のカードを出さなくちゃいけないわけじゃなくて、相手と話す中で、より効果的なカードを出すことで取材は有意義なものになるんです。ひととおりカードを揃えなかったら、捨てるカード、出すカードを選ぶこともできないやろ。入念に準備するからこそ臨機応変な振る舞いが可能になるんです。

ひととおりカードを揃える？

そう。時には相手のほうが先制攻撃を仕掛けて、こちらがどれだけ準備してきたかを確認してくる場合もあるよ。そこで相手を感心させたら、もうこっちのもの。そういうところでも準備は自分を支え、助けてくれるんです。フックとかアッパーとか具体的な技を磨くよりも先に、まず、相手にどう出られても動じない「基礎体力」「体幹」を鍛えるようなものといったらいいかな。

　十分に準備したうえで、あとはその場その場で相手の顔色や反応を窺いながらカードを切っていく、それしかない。実際、取材開始1分で、「あ、この質問リストの中でも、このへんはいらなかったな」って思うことも多いよ。その場合は「せっかく準備したから聞こう」じゃなくて、心の中にしまっておく。**臨機応変で「あえて質問しない」勇気も必要**なんよね。

準備してきた質問をしまったままにしておく。難しいですね……。

準備したことにこだわっていると、相手との「会話」がなおざりになりかねない。「準備した質問を全部しよう」と思ったら、自分の手元の質問リストばかり見て相手の顔を見なくなる。「次はこれを聞こう」という考えで頭がいっぱいになって、言葉のキャッチボールがギクシャクする。**「相手が何を言おうと、こちらは次に言うことが決まってる」って、「会話」じゃなくて「台本」やろ。それで有意義な取材なんかできるわけがない**わな。

するど、会話を楽しむ、くらいの姿勢で行ったほうがいいんでしょうか？

そうそう。もちろん、こちらには「聞きたいこと」があるわけだから、脱線したら適切なタイミングで本筋に戻さなあかん。だけど、それはまた別のテクニック面の話であって、**まずは「敬意をもって会話を楽しむ」ことが大前提。**

人間同士、腹を割って話せばいい。それが難しいんですけど……。

そこはやっぱり、回数を重ねて慣れていくしかない。勘をつかんでいくしかないね。
あと要注意なのは、取材中「あれ？　準備してきたことがけっこう使えないな」ってわかったときに、人情として、どうしても捨てられなくて出したくなっちゃうこと。「自分は、こんなことも調べて、あんなことも調べて、たっくさん準備したんです！」っていう押しが強すぎると、けっこうウザいで。「こいつはこっちの話を聞きたいのか、それとも自分の準備をひけらかしたいのか、どっちやねん」って思われるやろね。

準備は敬意でもあるから、アピールしたい気持ちが出てきそうです。

そもそもの「取材の目的」と「自分の立場」を忘れてはいけない。こちらはクライアントに依頼された文章を書くという目的の下、相手の話を「聞かせていただく」「教えていただく」立場なんや。だから、**準備してきたことをひけらかして、「ま、そのあたりは俺も、自分なりに調べて知ってるんすけどね～」みたいなのが出ちゃうのは、本当によくない**ねん。

　誰かに取材することになったら、まず相手の代表的な仕事をしっかり押さえる。さらに目的によっては自分の時間の許す限り、目を通せる限りのものに目を通して準備しておくべきです。それは、どれほどの著名人や偉い先生と向き合うときにも、自分を支えてくれるから。

けれども、いざ当日、相手と向き合ってみると、ぜんぜん準備したことに沿って話が流れていかない――そんなとき、事前に準備したことは自分自身への信頼の源、精神安定剤として保持しておくものであって、強引に提示すべきではない。ぐっと我慢。この自制が大事なんや。だから「強いてすべてを見せる必要はない」前提で、準備をしていくことです。

準備したことのすべてを、必要もないのに強いて見せようとしてはダメ。「してる」のと「してない」のとでは大違いだけど、わざわざ見せなくていい。相手も別に見たくない。

第2章で
一番大事なことを言います。

どのように準備するかによって、
文章のクオリティが大きく変わる。

取材相手の代表作・代表的な仕事は
必ずチェック。必要に応じて
SNSなどでの発信にも目を通す。

取材はライブ。何が起こるかわからない。
でも、「ちゃんと準備したこと」は
心の支えになる。

準備したことをアピールするのはNG。
「心の中にしまっておく勇気」をもとう。

準備したとおりに進めようとせずに、
「会話を楽しむ」こと。

「一番聞きたい質問」から始めたらあかんよ。

え、ホントですか!?

第3章

取材する

「無礼に思われないこと」が大前提

「取れ高」を気にしてはいけない

では次に、取材について話していこう。「最低限、これだけしておけばうまくいく」みたいな鉄則はないんですわ。人はそれぞれ違うやん。何を聞いたらダメで、何を聞いたらいいかも、人それぞれなんよ。

普遍的に心がけるべきことは、究極的には「無礼に思われないこと」以外にない気がする。誠実な態度で、言葉で、「あなたを大切に思っています」っていう敬意を示すことが大事やね。その前提のうえでなら、取材の心得やテクニックはあります。

まず、**取材の心得その1、「取れ高」を気にしてはいけない。**「取れ高」とは、「聞きたいことが、どれだけ聞けたか」っていうことやね。

え、聞きたいことを十分に聞けなかったら、原稿が書けなくないですか？　クライアントの要望に応えるためには、必要な話を引き出すようにしないと……。

まさに新人ライターが陥りがちなところに陥ってるな。そもそも、なぜ「取れ高」が気になるのか。それは自分の中に「こういう内容でまとめよう。ついては、こういう要素を取材で集めてこよう」っていう魂胆があるからです。それが余計なんです。

取材準備のところで、「取材は相手との会話であり、ライブ的なもの」だと話しました（134ページ）。こちらが投げたボールに対して、相手がどんな風に投げ返してくるかわからない。Aという質問をしたら、Cという答えが返ってくる。Bという質問をしたら、Hという答えが返ってくる。**どんな答えが得られるかは、実際に聞いてみるまでわからない。だからこそ、直接話を聞きに行くことには価値がある。**

にもかかわらず、想定外の返答があったら、「それじゃ、原稿にならない」って勝手にガッカリして、その答えをなかったことにする。「取れ高」を気にするっていうのは、そういうことなの。こんなに相手に失礼なこと、ないで。

取材で得られた要素を使って、クライアントの要望に応える原稿を書くのがプロ。仮にCという答えが自分の予想や期待どおりじゃなかったとしても、それが相手の本当の答え。だからCを活かして、クライアントの要望に応える原稿を書くわけ。

「誰に向けて書くか」「誰にどう影響するように書くか」という目的は、準備段階から意識すべきや。「聞きたいこと」も、当然、そこに準ずるものになる。だけど、その目的に向かう原稿の構想は、取材の後、「聞きたいことに対して相手から得た答え」という執筆材料が出揃った時点で考えるものや。**まだ実際に話も聞いていないうちから、「こんな風にまとめよう」という考えで臨んではいけません。**

そうなのか……。勉強になりました。

「いい脱線」はどんどんすべき

田中さん、取材の進め方なんですけど、ズバリ本題に入るべきですか？　それとも何か雑談から始めたほうがいいんでしょうか？

いい質問やね。最初にちょっとした雑談をする、いわゆる「アイスブレーク」は必要だと思う。取材って、いうなれば、こちらの都合で一定時間、相手を拘束することやろ。そう考えると「本題しか話しちゃいけない」って思うかもしれないけど、そもそも人は、いきなりあれこれ聞かれたくないものなんですよ。だから、もらっている時間の長さにかかわらず最初にちょっと雑談を入れたほうが、あとの流れがスムーズになるでしょう。

最初は雑談をする。その後は、どんどん本題を進めていけばいいんですよね？

いや、違う。**取材の心得その2、ときおり脱線すべし。**脱線は「してはいけない」と思っている人も多いんやけど、時間的な制限があっても、いい脱線なら「すべき」なんです。

いい脱線!? 脱線に、良し悪しなんてあるんですか？

うん。たとえば、いま僕は奥田民生《たみお》さんに数年にわたってお話を伺ってるんです。ものすごく長い時間インタビューをしてるんやけど、奥田さんが拙著『会って、話すこと。自分のことはしゃべらない。相手のことも聞き出さない。人生が変わるシンプルな会話術』（ダイヤモンド社）への推薦文で私を「おもろい人」と書いてくれたのは、初回に起こったひとつの脱線がきっかけだったのではないかと、勝手ながら推察しています。

プロとしてデビューすることになったとき、奥田さんは「自分は昔からラジカセ2台を使って音を重ねていたんだけど、スタジオの最新機材を使って多重録音をさせてほしい」ってプロダクション側に打診したといいます。

さて、ここから、どう質問を重ねるか。話の流れ的に妥当なのは、次のような質問をすることやんな。

①「その打診は通ったんですか?」
②「実際、どんなふうに録音していったんですか?」

でもスタジオでの多重録音といえば、ビートルズが元祖じゃないですか。僕自身、ビートルズファンなもので、いきなり口をついて、こう言ってしもうたんや。

「僕、『リボルバー』が一番好きなんです」

『リボルバー』はビートルズのアルバムのひとつで、多重録音が有名やから、思わず題名が出たんやね。そうしたら奥田さんが、「僕もそうです。『リボルバー』が一番好きです。いいですよね!」っておっしゃった。この脱線で一気に距離が縮まった気がするんです。

好きなものが同じ人とは盛り上がりますもんね。

せやろ? 友だち同士でもそうやん。それは取材も同じだし、もっといえば、仕事の人間関係全般においても同じなんだよね。

　ということで、**いい脱線のコツその1、「相手の好きなもの」の話をする。**さっきの例は、たまたま奥田さんの好みと僕の好みが合致したというラッキーケースだったけど、戦略的には、事前に相手の好きなものを可能な限り把握しておけるといいね。

　では、その1に関連して、**いい脱線のコツその2、「相手の好きなもの」の固有名詞は間違えない。**これには、相手に「自分の本気度」を伝える効果があるんです。

たとえば僕は「デッドフォール」という映画が大好きなんやけど。もし僕に取材しにきた人に、こんなふうによどみなく言われたら、「おっ、そこまで自分について調べて会いにきたんだな。本気やな」って思うね。

「田中さんは『デッドフォール』がお好きとの記事を読んだことがあって、僕も初めて観てみたんですけど、監督はアンドレイ・コンチャロフスキー、主演はシルヴェスター・スタローンとカート・ラッセル、そして音楽はハロルド・フォルターメイヤーという……」

舌噛《か》みそうな名前ばかりだな……。だからこそ効果的なのか。

そう。覚えにくいような固有名詞でも完璧に言えるようにしておくと、それをきっかけに会話が弾んで、相手も取材に前向きになってくれたりするものなんです。相手の好きなものがマニアックであるほど効果絶大。僕自身、取材のときは固有名詞をノートにメモしておいて、こっそり手元を見ながら話すこともあるくらいです。

さらに、**いい脱線のコツその3、相手と自分の「共通点」を探す。**距離が縮まるきっかけは、「相手の好きなもの」だけとは限りません。取材中に、相手の出身地、勤務地、出身校などで自分との共通点が見つかったら、脱線すべし。たとえば相手の勤務地が、かつて自分が住んでいた場所だったら、次のように深く入ってみる。

「あ、僕は○○に住んでいたことがあるんです。駅前の△△っていうお店、まだありますか？」

共通点で盛り上がって一気に距離が縮まるのも、友だち同士と同じですね。

でも、ひとつだけ、友だち同士の会話と違うことがある。それは、**脱線上等で相手との会話を楽しみつつも、絶対に「取材の目的」を忘れてはいけない**という点です。

取材である限り、目的地を定めずにハンドルを握っているわけではないんだよね。たとえば車で東京から鎌倉に向かってるとする。すごく飛ばすところもあれば、ぐねぐねのカーブもある。だけど目的地を忘れると、気づいたら山梨に着いていたなんてこともあるから、「今、俺は鎌倉に向かっているんだ」ということを片時も忘れてはいけない。そこが、友だちとの会話と仕事での取材の違いです。

わ、鎌倉へ行くつもりが山梨に!?

実体験だ。それは置いといて、田所敦嗣さんはプライベートで話してもすごく楽しい人だと思うけど、今回、君は「仕事」として田所さんと話すことになる。では、改めて聞こう。今回、君に依頼したインタビュー記事が掲載されるリーフレットの目的は何でしょう？

書籍『スローシャッター』を、より多くの人に手に取ってもらうことです。

そうです。だから、脱線している間もそれを忘れたらあかんで。

「脱線」から「本筋」への戻し方

さて、脱線しっぱなしでは目的地を見失ってしまう。となると、脱線したところから本筋に、どう戻したらいいだろうか？　それを教えます。

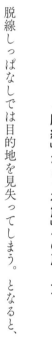

取材の主体は、取材する側です。最初の挨拶から、アイスブレークする、本題に入る、脱線する、本筋に戻す、一気に切り込む、徐々に終わりに向かう、締めくくるまでの取材の舵取りの責任は、すべて取材者にあるんですわ。
そしてほとんどの場合、取材には制限時間がある。今回の仕事で、君は**取材者であると同時に、タイムキーパー**にもならなくちゃいけない。

すごい。取材者は忙しいんですね。

うん。慌てた様子は決して見せないけど、頭はフル回転。めっちゃ疲れるで。
そもそも取材者が余談に夢中になっていたら、ちょっと気を遣う取材相手なら「この人、何しにきたんだろう？」って不安になる。さらにはクライアントも同席していようものなら、「この人、本当に仕事を任せて大丈夫だろうか？」と資質を疑われることにもなりかねない。だから、**脱線している最中も「本筋は見失っていません。あえて脱線してるんです」と雰囲気で伝える。**「心の目配せ」をする必要があるんや。

心の目配せ!? 僕にはそんな高等テク、できないかも……。

大丈夫、大丈夫。「脱線しっぱなしでなく、マメに本筋に戻す」ということができていれば、自《おの》ずと伝わります。じゃあ、どうするか。まずNGなのは、こんな枕詞《まくらことば》を入れること。

「話を本題に戻しますが」

こういうのは、会話の流れが悪くなるからやめたほうがいい。この一言で、そこまでの会話を無意味化することにもなります。

うーん、ちゃんと本筋に戻すために、つい「余談はこれくらいにして、ここからが本筋です」宣言、したくなりそうですけど……。

実際、このセリフを言う人は多いんや。でも、脱線を許したのは自分自身やん。それに余談にも「相手との距離を縮める」「原稿に使えるおもしろい話、ためになる話が飛び出す可能性がある」っていう立派な意味があったわけやろ。

それなのに「話を本題に戻しますが」なんて急に澄まして言ったら、相手に「おいおい、今までの話は意味なかったんかーい」みたいに思われかねません。**こっちが勝手に脱線したわけだから、本筋に戻すときも、しれっと戻せばいい**んです。取材の舵《かじ》取り責任者として「脱線から本筋に戻るタイミング」はわかっておかなくちゃいけない。ただし脱線と本筋の行き来は、なるべくシームレスにっていうことやね。

では、シームレスに本筋に戻すテクニックをひとつ、伝授しておこう。

ワッと余談で盛り上がったところで、次のような具合に接続して本筋に戻す。

「で、ですね、今回出された、こちらの書籍なんですが……」

他にもこんなのがある。

「だから」「それで」「そこで」「まあ」「それと関連して伺いますが」

最後のはぜんぜん関連してへん。でも大丈夫です。脱線から本筋に切り替わるわけだから、「だから」とかでつながる話ではないけど、あたかもつながっているかのように本筋に戻してしまえばいいんです。相手はそこにあまり違和感は抱きません。

「一番聞きたいこと」は最初に聞かない

脱線の重要性と、うまく脱線から本筋に戻す方法を理解してもらったところで、取材の舵取りの要点をもうひとつ、話しておきましょう。すべての取材は、ある目的の下で行われる。その目的にかなうよう、取材する側には「聞きたいこと」があるんやけど、**「一番聞きたいことは最初に聞かないこと」**を心がけるといいんです。

え、最初に聞いちゃダメなんですか⁉

絶対にダメなわけではないけど、最初に聞かないほうが、最後までおもしろい取材になる可能性が高いんです。勢い込んで一番聞きたいことを最初に聞いてしまうと、相手は、それを察知します。すると「ああ、そこが一番聞きたいわけね」と思われる。そして答えた時点でお互いに何となくミッションコンプリーテッドな感じになって、それ以降は惰性で話すことになる恐れがあるんです。貴重な残り時間を惰性で過ごすなんて、めっちゃもったいなくない？

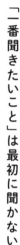

これは取材相手からすると、サスペンス映画を見る前にオチを知ってしまったときの感じに似てるかもしれない。**「どういう答えが欲しいのか」という取材者側の手の内、魂胆が透けて見えると、取材される側って、「はい、これでもういいでしょ」みたいな不思議な虚脱感に陥るもの**なんです。

そういうものですか……。じゃあ、どう舵取りするのが賢いんでしょう。いつ「一番聞きたいこと」のカードを出したらいいんですか？

わかりやすいのは「話が盛り上がったとき」やな。さっき脱線の重要性は話したやろ。最初はちょっとした世間話をアイスブレーク的にする。そこから本題に入り、脱線しては戻し、脱線しては戻し、という具合に余談をまぶしつつ、**ワッと余談で盛り上がったところで、さっきのテクニックの出番。「で、ですね……」とかでつないで一番聞きたいことを聞いちゃう。**どの流れで「一番聞きたいこと」のカードを出すか、タイミングを計るのも取材者の重要な仕事なんです。

「素直な感想・感動」を軸にして聞く

「評価」せずに、「感想」を伝える

次に、取材の要である「聞き方」を知りたいです。どう聞けば、相手から「おもしろい答え」を引き出せるでしょうか？

何より重要なのは、取材者がおもしろがることやね。もちろんバカにしておもしろがるという意味ではなくて、取材相手との邂逅《かいこう》を喜び、相手自身や相手の仕事に対する敬意をもっておもしろがる。そうすれば、原稿をまとめるときにも、おもしろがりな

がら書けるでしょう。そうして出来上がった原稿を読者が読むわけです。書き手がおもしろがっていないところに読者は生まれへん。

「おもしろがっていること」をどうやって質問に反映させればいいでしょう?

「評価」ではなく「素直な感想・感動」を軸に据えた質問をすることやね。ここで、「評価」的な言い方をいくつか挙げてみよう。

①「○○さんの、この作品は世紀の名作だと思いました」
②「○○さんの活動は世界に誇るべきものです」
③「○○さんが書かれたものは、とてもわかりやすくていいと思います」

どれもポジティブなことを言っているけど、なんか上から押し付けている感じがする。「何様なんや?」って相手に思わせてしまったら、取材はうまくいかないんです。

うーん……しかも、褒めればいいってものでもないんですね……。

うん。むしろ、褒めることこそ「上から」やん。さっき並べた「評価」って、上から「褒めてつかわす」言葉や。では「素直な感想・感動」はどんな感じかというと……。

①「この作品、めっちゃ好きなんです。特にこの部分がすごく心に残ってまして」

②「先日○○さんがこんな風に語っていたインタビューを拝読しまして、びっくりしました」

③「○○先生のこの論考を拝読して、こういうこともあるんだーっていうのが、大きな発見でした」

「感動しました」「感銘を受けました」みたいな**ステレオタイプな硬い言葉を使うよりも、こんなふうにストレートに表現したほうが相手に響く**もんなんよ。

すごい。本当に、思った以上に素直だ……。相手と話していることを喜んでることや、おもしろがってることが伝わるのは、明らかにこっちですね。

せやろ？　あと、これはやめたほうがいい。

「ファンです！」

たいていは「僕、〇〇さんの大ファンなんです！」「おお、そうなんですか、ありがとうございます」で終わって、お互いに思考停止になるだけだから。そこから話が広がって格好のアイスブレークになる可能性もなくはないけど、だいたい**「ファンです！」なんて簡単な言葉で済ませる人って、本当は話を広げられるほど好きじゃなかったり、それ以上、踏み込む勇気がなかったりする**もんや。そんなつまらん言い方をするより、たとえば次のように素直な感想・感動を伝えたほうが1億倍いいよ。

「〇〇さんの△△という作品、僕、めっちゃ好きなんです。特に中盤にある『×××』という一行はずっと心に残っています」

もし本当にファンなら、自然とこういう言い方になるやろ。

僕も、誰かに取材するときは、必ず具体的に作品名や著書名を上げて、細かいところを「めっちゃ好き」って伝えます。そして、ここからが重要なんだけど、**僕が投げかける質問の99%は、そういう「素直な感想・感動」から生まれてんねん。**

「いや〜、もう、この作品のこの部分、めっちゃ好きなんですけど、どうやって着想されたんですか？」

こういう感じね。そうすると、専門的な話も引き出しやすいんです。

たしかに、この聞き方だったら、相手もノリノリで答えてくれそうです。

「どこに自分が感動して、何を聞こうとしているのか」っていうところがすごく大事で、それは示さないといけないということやね。そうしないと、「ファンが、はしゃいでるだけ」みたいになる。相手はわざわざ時間を割いてくれているわけだから、単なるミーハーみたいなことをしては絶対にダメなんです。

「あなたのことが好きです」から始めるのはいい。ただ、それを糸口に、どれだけのものを引き出せるかが、取材の出来を左右するんです。入り口は自分の「素直な感想・感動」だったけど、話がどんどんドライブしていったのは、もっと深いところだった。「素直な感想・感動」を糸口に聞いていったことで、こちらが本当に聞きたかった相手の知識や技術、熱意の部分をたっぷり聞けた。これが「いい取材」なんですわ。

取材者が取材相手について感動していると、それだけで「おもしろそうなこと」が始まる予感がする。取材の醍醐味《だいごみ》は、そこやで。取材相手は、たとえば「あなたの新作について2時間しゃべってください」なんて言われても、たぶん「別に、自分から話すことないわ」って思うやろね。だけど**取材者が「素直な感想・感動」を軸に質問をしていくことで、相手が自ら語ることはしない貴重な話を引き出せる**わけです。

人の話を聞くときも、書くときと同様、「感動のへそ」があることが大事なんですね。でも、その感動は、素人丸出しでもいいんでしょうか。たとえばオーケストラの指揮者の方に向かって、「ベートーヴェンの○○という曲、初めて聴いたんですけど、ポケモンのテーマ曲に似てる気がしてびっくりしました」とか……。

問題ないよ。「素直」は「素朴」にも通じている。専門家なのは相手のほうであって、こちらは「教えていただく立場」なんだから、素朴でいいんです。ま、あまりにも素朴だと、スベって苦笑される可能性はあるけど、それもまた一興やで。

「お前、そうとう素人だな」って思われることは恐れなくて大丈夫ですか？

恐れることなかれ。**専門家は「素人が素人であること」に怒りを抱くことなんてない**から。それに、素人なりにちゃんと準備したからこそ、素朴な「感動のへそ」が出てきたわけで、そこは相手もわかってくれますよ。あとは相手という人間そのもの、相手がやっていることそのものに対する敬意があれば、絶対に大丈夫です。

「抽象的な質問」「相手のことを決めつける質問」はNG

逆に、「こんなことを聞いてはいけない」っていう悪い質問もありますか？

たとえば、その人がやっていることを指して次のように聞くのはダメ。

「○○さんにとって、××とは何ですか?」

これは要するに、**概念的・抽象的なことを聞くのはNG**ということ。

概念的・抽象的な質問をするとき、人は、無自覚のうちに「あわよくば自分の思想を伝えにかかっている」ことが多い。たとえば、小説家に対して「○○さんにとって、小説とは何ですか？」だったら、相手の答えを聞いたうえで「はい、なるほどなるほど。それは私からすると、こういうことなんですけどね」みたいに我田引水しようとしてるわけ。そんなの一種のマウンティングやん。たいていの場合無意識だとは思うけど、その道のプロに対してものすごく失礼です。

また、「聞きたいことを絞り切れておらず、主語が大きな質問に逃げる」ときにも概念的・抽象的な質問になりがちや。さっき挙げた「小説とは何ですか？」も、主語が大きすぎて、困ってしまう。そんなぼやっとした質問、どう答えろっていうねん？

うーん、概念的・抽象的な質問は失礼なうえに、相手を困らせる危険性があるのか……。ってことは、質問は具体的であればあるほどいいんでしょうか？

そうやね。**得るものが多いのは、具体的なことを聞いたとき**だと思います。たとえば、こんなふうに。

①「このページの2行目に、こう書いておられましたが、それはこういう理解で

いいですか？」

②「何年何月何日の試合のあの場面ですが、ああいう戦略に出た意図は何ですか？」

具体的に聞いたほうが10億倍、相手を鮮明に描き出した良質な原稿になる。

いっておくけど、概念的・抽象的に考えてはいけない、書いてはいけないという意味ではないんやで。ただ、そういう高次な話は、あくまでも具体論の積み重ねから浮かび上がってくるもの、浮かび上がらせるものなんや。それを「○○さんにとって、××とは何ですか？」式に一問一答で得ようとする、その発想自体が浅ましいわけです。

そうか……。何か難しそうなことを聞いたほうが取材っぽくなるんじゃないか、みたいな考え、僕には少しあったかもしれません……。気をつけよう。

そんないらんこと考えんと、どんどん具体的に切り込んでいったほうが、ずっと実り多い取材になるよ。どストレートの直球勝負でぶつかったらいいんです。

もうひとつ悪い質問の例を挙げよう。**「相手を決めつけるような聞き方」はNG。**

さっき話した僕の失敗談、覚えてる？　スポーツ選手に「○○さんは、やっぱりこのスポーツが大好きで」と言ってしまった（135ページ）。これは要するに、相手の好き嫌いの感情を決めつける言い方だったんです。相手はたぶん、「よく知りもしない相手に自分のことを決めつけられたこと」にカチンと来たんだと思う。やめたほうがいい。

他人を決めつける……。無意識のうちにやってしまっているかもしれません。

僕自身、その失敗をやらかした身だけど、取材される側として見ると、やっぱり決めつけられるのはムカつくで。よくあるのは「田中さんはやっぱり、電通という会社の間違った部分に腹を立てて辞められたわけですよね」っていうやつ。これは僕という人間への「決めつけ」でもあるし、電通という企業に対する決めつけでもある。それに、僕がいろんなところで発信している「早期退職募集の張り紙を見て、何となく退職してしまった」っていうのをろくに見ていない、つまり僕のことをちゃんと調べていないということでもある。これもダメ。

本人がどこかで語ったり書いたりしていることを参照して「〇〇さんは、こんなことを話しておられますが」と水を向けるのはいい。でも、**自分の勝手な憶測で「〇〇さんは、こう考えられていると思いますが」と決めつけたうえで、「では、これについ**

てはどう思われますか?」と質問にもっていくのはNGなんです。言うとしても、あくまで「推測している主体は自分である」ことを、敬意をもって示した言い方にする。

「○○さんの普段の発信から、僭越《せんえつ》ながらこのように拝察しますが」

たとえばこういう言い方なら、自分がそのように想像しているだけで、「こうだよね」と決めつけていることにはならないのでセーフかな。

質問のフリをした「自己アピール」は禁物

ところで、取材で一番邪魔なものって、何かわかる?「自己顕示欲」や。**「質問」が「質問にかこつけた自己アピール」にならないよう、気をつけてください。**

ひとつ事例を挙げよう。ある公開イベントで学生たちが、国際情勢をテーマに田原総一朗さんの話を聞くっていうのがあったのね。番組の終盤、田原さんが質問を募ったら一人の学生が手を挙げた。ところが、その「質問」がこんな感じだったんです。

「僕はまだ学生ですけどシェアハウスを経営してて、しかも父親がシリア人で、国際的な多様性っていうのをすごく感じながら学生生活を送ってきたわけですが……」

自分の話ばっかりでぜんぜん「質問」にならない。すると、しびれを切らした田原さんが机を叩いて「その話はどうでもいい！　何の話？　何が聞きたい？」って怒ったの。ちょっと極端だけど、これが「質問にかこつけた自己アピール」の一例です。

うーん……難しい。事前にいろいろ準備して、取材の場で「あなたの本を読みました。こんなこと、あんなこと、書かれていましたが、僕は特にこの部分がめっちゃ好きで、そこはこういうことなんですか？」みたいに聞くのもダメでしょうか？

いやいや、それは大丈夫。「自分が相手の何に感動して、どこを聞きたいのか」を明らかにしているわけだから、「質問にかこつけた自己アピール」にはなりません。

僕がここで問いたいのは、**「聞きたいこと」**と**「自分の話」**の**主従関係**です。

①「あなたの本を読みました。こんなこと、あんなこと、書かれていましたが、僕は特にこの部分がめっちゃ好きで、そこはこういうことなんですか？」

こういうのは、理想的やねん。でも、こんな方向に転ぶのはヤバい。

②「あなたの本を読みました。○○○と書かれていましたが、これこれについては、実は僕も学生時代からちょっと活動しているので一家言あって……」

つまり、**常に「主」であるべきなのは「相手に聞きたいこと」なんや。「自分の話」は、それがアイスブレークや脱線において効果的と思われる場合にだけ出していい「従」。**取材では、この主従関係を崩さないこと。②の例は「相手に聞きたいこと」でなく、「自分の話」のほうが「主」になってしまっている。だからダメなんです。

「ど定番の質問」をするときの枕詞

質問といえば、「ど定番の質問」って意外と難しいねん。相手は、もう過去に1万回は聞かれてるはず。でも、クライアントの要望に応えるためには絶対に外せない。そういう質問を、どう投げかけたらいいか？　特に知名度がある人に取材するようになってくると、こういう悩みも出てくると思うよ。

教えてください。どう聞いたらいいですか？

小賢《こざか》しいことは考えんと、ストレートに行くのが吉です。**「ど定番な質問もしなくてはいけない事情」を素直に話してしまえばいい**んや。たとえば、こんなふうに。

①「もう今までに1億回くらいは聞かれてると思うんですけど、すみません、あえて同じことを聞かせてください」

②「僕自身は、○○さんの作品はどれも大好きなんですけど、まだよく知らない人たちに向けて、この点はぜひ語っていただきたいと思っておりまして」

うーん、ちょっと言い訳がましいような……。

そこは言い方の問題やな。笑顔と愛嬌《あいきょう》でサラッと言う。これを余談で盛り上がった後にスッと差し込めたら完璧やで。違和感なく、ど定番な質問に移れます。あと、もしクライアントが同席していたら、**「あ、この点、まだ伺えていないですよね」という感じでクライアントに振って味方につけてから、聞く**というのも手です。

じゃあ、「読者が求めているので、教えてください」というのもアリですか？

まあ、微妙やけど、やめたほうがええ。さっき挙げた例の中にもそういうものがあるけど、あくまでも「そういう人たちにも伝えたい」という自分主体の話になってるやろ。でも「読者が求めている」という言葉には自分がいない。「本当はこんなこと聞きたくもないけど、読者が求めているから聞くんです」という責任転嫁の思考がうっすら感じられる。取材しているのは自分なんだから、人のせいにしたらあかんのよ。

①「あなたのことをよく知らない読者にもちゃんと伝えたいので、聞かせてください」

②「読者が求めているので、聞かせてください」

なるほど。このふたつは似ているようで、根底に流れている取材者の姿勢がまったく違うんですね。相手に「こいつは人のせいにしている」とは思われたくないな。

そう。クライアントの依頼を受けて、相手に対峙《たいじ》しているのは自分。**常に自分が主体となって話すのは、仕事を引き受けた人間が当然負うべき責任**なんです。

なぜ、ここでこんなテクニックを紹介しているか。「ど定番な質問」だからと、聞くかどうか躊躇《ちゅうちょ》している間に時間切れになることがあるからです。

取材終了ギリギリのタイミングでも、聞く必要があるなら聞けばいいんだけど、ふと怖気《おじけ》づいてしまう。「今さら聞かなくても書けるか」と自己完結してしまう。そして取材後、いざ記事の構想を練ろうと思ったときに、相手に関する重要な情報について話を聞けていなかったことに気づく。後からメールや電話で改めて聞ける場合もあるけど、すぐに回答を得られるとは限らない。そうなったら悲劇やで。

聞いてみた結果、相手の答えが原稿に入れにくかったら、書かなければいいだけや。要素を取捨選択し、構成するのがライターの仕事なんやから、それは失礼ではないよ。

インタビューは「いかに自分に対して、話したくなってもらうか」が勝負ですね。今回の仕事、すでに少し緊張してますけど、自分の「素直な感想・感動」をちゃんと伝えることができれば、きっと田所さんは素敵な回答をくださると思います。

やっぱり緊張する？　じゃあ最後にひとつ忠告です。いざ相手と向き合ったときに、こんなしょうもないことは言わないように。

「緊張してます」

え、言っちゃダメなんですか!?

「緊張してます」は相手に敬意を表すことにはならない。時間をもらうのに、むしろ失礼や。緊張は押し隠して愛嬌と度胸、素直さを旨として、取材相手と向き合おう。

取材の腕を磨く「一人反省会」

では、今まで話してきた心得とテクニックを頭に置いて取材に臨んだとしよう。そうしたら振り返りも重要です。取材後には音声を「文字に起こす（話された内容をそのままテキストにする）」という作業が待ってるけど、そこでいろいろな反省点が見えてくるだろうね。いくら経験を積んでも、反省点がゼロになることはない。**毎回反省して次の取材に臨んでこそ、息長く活躍できるライターになっていける**んだと思います。

どのような点で反省することが多いですか？

一番多いのは「調べが足りなかったな」という反省やな。何回か取材の時間をいただける場合は、足りなかったところをしっかり調べたうえで次回に臨みます。

インタビューの機会が一度しかない場合は、どうしたらいいですか？

自分で調べがつきそうなことだったら、いったん調べて書いて、原稿中に「この部分はこちらで少し補足調査をして書いてみました。不備があればお知らせください」みたいな注釈を入れる。相手にしかわからないことだったら、「申し訳ありません。○○

について十分お聞きできておりませんでした」と問い合わせるしかない。でも、これは極力避けたいところです。

だからこそ、取材の事前準備は入念に。取材の目的から逆算して「聞くべきこと」を洗い出す。そして取材当日、様子を窺いつつ臨機応変にカードを切りながらも、「聞くべきこと」はしっかり聞き切ることが大事なんです。

第3章で
一番大事なことを言います。

「無礼に思われないようにすること」が
取材の究極の心得。
敬意をもって接しよう。

取れ高を気にしない。
「思いがけないよい話」を引き出して、
それを元に書こう。

「いい脱線」は相手と距離を縮めるのに有効。
でも、「目的地（聞きたいこと）」は忘れない。
時間をみて「脱線」から「本筋」に戻す。

「一番聞きたいこと」は
最初に聞いてはいけない。
貴重な残り時間を惰性で過ごすことになる。

抽象的な質問、決めつける質問、
質問風の「自己アピール」は禁物。
相手を評価せず、「素直な感想」を伝えること。

「書きたいことを書く」はあかん。

それだと読んでもらえないんですね。

第4章

書く

ライターが「書く前」にしていること

「自分で文字起こし」をすすめる理由

さて、取材を終えたら「文字起こし」です。録音した取材音声を聞きながら、文字に起こしていく。専門の業者さんもいるけど、今回は自分でやってみよう。

わかりました。人生初の文字起こし、どんなことを心がけるべきですか？

まず、文字起こしには大きく次のふたつの方法があります。

①要点だけを文字に起こす

②発せられた一言一句をすべて——笑っているところや、「えーっと……」など言いよどんでいるところも逐一起こす

①のほうが効率的に思えるかもしれないけど、②がおすすめです。その理由はふたつあります。ひとつめは、文字起こしの段階で内容を取捨選択すると、「実はめっちゃ活きるかもしれない宝物のような言葉」を取りこぼしてしまう可能性があるから。そしてふたつめの理由は、「話していたときのニュアンス」まで削《そ》ぎ落とされてしまうから。話し言葉には、言外に漂うニュアンスってあるでしょ。文字にした時点で声のトーンや発話スピードなどの情報は失われてしまうけど、逐一、自分で聞いて起こしておけば、何となくのニュアンスの記憶は残すことができる。

それが、原稿を書く段階に入ったとき、相手の言葉のニュアンスをつかみながら書くのに役立つんです。ニュアンスを取り違えた原稿だと、取材相手から「たしかにこんな話をしたけど、なんか違うんだよなあ」と思われることにもなりかねません。

それと、文字起こしの作業は取材した当日とか翌日とか、まだ記憶が新鮮なうちにやったほうがいいよ。時間を置いてしまうと、取材後の感触を頼りに「よし、あそこと、あそこと、あそこのくだりで、うまいこと構成しよう」っていう具合に脳内編集会

議が始まってしまう。するとバイアスがかかって、取材内容を客観的に見れなくなるんや。すると、さっき言ったような「実はめっちゃ活きる、宝物のような言葉」を見過ごしてしまうかもしれない。そもそも、そんな脳内編集会議で構成が決まった後に、一言一句、取材で話された内容を書き起こすのは相当しんどいで。

ともあれ、**文字起こしは「もう一度、取材相手と出会い直す」くらいのつもりで、バイアスなしにやったほうがいい**んです。

えーっと……。無心になって、音声を文字にしていくってことですか？

いやいや、何も考えないわけではないよ。文字起こしをしながら、「このくだりはおもしろかったな」「あまり盛り上がらなかったな」っていう風に取材を追体験しつつ、どのあたりを原稿に採用するかというアタリをつけるのはＯＫ。聞きながら構想を練ることができるという点にも、自分で文字起こしをする意味があるんです。

でも、そこで見切り発車で書き始めるのは禁物やで。文字になったときに語りかけてくるものもあるから、全部起こしてから、改めて通して読んで構成を検討すべし。ただ、その前にもうひとつ、決めることがあります。**原稿の「体裁」と「文体」**です。

原稿の「体裁」と「文体」を決める

インタビュー記事の場合、

①質問と答えのやり取りを見せる「Q&A形式」

②取材者が地の文章を書いて、重要な質問に対する答えや、印象的な言葉が出てきたところだけ、取材相手の言葉をカギカッコ付きで入れる「取材者のモノローグ形式」

③取材者の存在は消して取材相手だけに語らせてしまう「取材相手のモノローグ形式」

という、主に3種類の体裁があります。どの形式で書くかを最初に決めなくてはいけません。

「文体」も決めよう。「ですます」調か、「である」調か。くだけたしゃべり風にするのか、しっかりと語る感じにするのか。さらには取材相手の一人称は「私」なのか「僕」なのか「俺」なのか。これは原稿の目的や取材相手のキャラクターに応じて、記事全体のテイスト、読者に感じ取ってほしい雰囲気を決めるということです。

① Q&A形式

―― 田中さん、インタビュー記事を書く際の
体裁について教えてください。

インタビュー記事には大きく分けて、「Q&A形式」「取材者のモノローグ形式」「取材相手のモノローグ形式」の3つの体裁があるんや。どの体裁で書くかは、事前に決めとかなあかん。

② 取材者のモノローグ形式

インタビュー記事の体裁について、田中さんは「『Q&A形式』『取材者のモノローグ形式』『取材相手のモノローグ形式』の大きく3種あります。文体ごとに特徴と、使いどころがあるから、文体は原稿を書く前に決めることが重要です」と教えてくれた。

③ 取材相手のモノローグ形式

直塚くん。インタビュー記事の体裁は大きく3種類あるんや。「Q&A形式」「取材者のモノローグ形式」「取材相手のモノローグ形式」や。それぞれに特徴と、使いどころがあるから、原稿を書く前に文体を決めることが重要です。

3つの体裁、それぞれのメリット・デメリットは何ですか？

①の「Q&A形式」は全篇通して話し言葉になるから、比較的読みやすい。取材時の臨場感も出る。だけど「質問」改行「答え」改行「質問」改行「答え」改行……という体裁だから、とにかくどんどん長くなります。

厳密な文字数制限がないウェブ媒体や、何ページも与えられている紙媒体だったらいいんだけど、少ない文字数に収めなくてはいけない場合、「Q&A形式」は情報量が少なくなってしまうわな。

僕と田中さんのQ&Aで構成されてるこの本も、めっちゃ長いですもんね。

ちなみに、どの体裁を選んだとしても、色んな発言をひとつにまとめたり、相手の発言を意訳したうえで話し言葉に直したりと、「労力」は同じくらいやな。

②の「取材者のモノローグ形式」と③の「取材相手のモノローグ形式」は、「答え」の部分だけをまとめたようなものだから、「Q&A形式」より情報量は多くなります。

特に「取材者のモノローグ形式」だと、「自分が捉えた相手の姿」を言語化して書くことになるから、必然的に、より取材者の存在を感じさせるものになるね。

自分が感動を覚え、読者に届けたい「取材相手の姿」を自由に表現できる一方、「この人のここを知ってほしい」という思いがあふれすぎると、ウザくなりかねない点は要注意。

今回は、どの体裁をとるかは、取材と文字起こしをした後に決めてください。

やるっきゃない。

土井たか子か。

若い人にわからないことを言わないでください。

書き始める

対話の中にある「心の結び目」を見つける

はい、というわけで田所さんの取材を無事に終え、文字起こしまでやり遂げた直塚くんであります。どうだった？

初取材、やっぱりドキドキしましたが、すごく楽しかったです。「時間管理が甘かった」「あのことも聞けばよかった」など反省点もたくさんありますけど、次に活かします。文字起こしは、予想をはるかに超えて大変でした。めちゃくちゃ時間かかるし、指は

痛くなるし、ここだけの話、もう二度とやりたくないと思うくらいです……。

インタビューの音声を聞いたけど、田所さんも直塚くんも楽しそうで、聞いているこっちまで楽しくなる感じだった。取材運びなど課題は残ったようだけど、「相手との会話を楽しむ」という基本はバッチリです。しっかり、一人反省会もしたようで素晴らしい。

　文字起こしは、そうなんです。めっっっちゃ大変です。それを専門にしている業者さんにお願いするという方法もあるけど、文字起こしの大変さを知ってもらうために、一度は自分でやってみてほしかったんや。ちなみに、経験も実績もあるプロのライターの中には、今でも必ず自分で起こしているという人もいます。

すごいな……。体験しなければ大変さもすごさもわからないので、やってみてよかったです。2時間ほどのインタビューで、起こした文字数は約6万字。それを少しずつ削って削って、２０００字くらいにまで減らしたものを、今日は持ってきました。

え！！！　文字起こしを削って削って、約２０００字にしたんや。どうやって？

えーっと、まず、自分が話した部分を全部削りました。それから、僕にとってはいい話だったけど、今回の原稿の目的である「『スローシャッター』を、より多くの人に手に取ってもらう」というところからは外れるかも、というところも削りました。
そのうえで今回の原稿の「軸」は何だろうと考えたときに、やっぱり田所さんの「仕事観」のところが依頼内容にも合致するし、一番、田所さんの素敵なところを物語ってくれるような気がしたんです。そこで仕事について語っているくだりの中でも特に印象的だったものを残す、という手順を踏んだんですが……変でしょうか？

うーん、ものすごい労力やなあ。要は、今回の原稿の目的を念頭に、そこに合致するであろうところ、しかも自分自身が感銘を受けたところを残したわけね。発想自体は理にかなっているで。でも、もっと効率的なやり方がある。順を追って話していこう。

先に教えてほしかった……。

膨大な文字起こしを元に、どうやって字数制限のあるひとつの原稿を仕上げるか。
まずやるべきことは、「心の結び目」を探し出すことなんです。会話って長ーい糸みたいなものだけど、自分の琴線に触れたところや、お互いの気持ちが通《かよ》ったところ、深い理解が生じたところに「結び目」ができるんや。それが「心の結び目」。たとえば、メモを取らなくても記憶に残っているフレーズなんかも「心の結び目」です。文字起こしを読みながら、こうした「心の結び目」にマーカーを引いていくといいんや。

もちろん、**仕事で書く原稿には必ず目的があるから、「その目的に合致する」という条件を満たす「心の結び目」を洗い出していく必要があります。**その「心の結び目」が、原稿でいうところの「感動のへそ」になるわけ。つまり、「ああ、ここ、ここ。あとは、ここもよかったなあ」という風に取材を追体験しながらマーカーを引いたところを元に、原稿を書いていくんです。

「心の結び目」がめちゃくちゃいっぱいある場合はどうしましょう？　全部ピックアップしたら、まとまりがなくなりそうです。

そこは「選択と集中」やね。ひととおり「心の結び目」を洗い出したところで、内容にバラつきがあるようだったら、さらにひとつの切り口に絞り込む必要があります。

文字起こしを読む↓「心の結び目」を探し出す↓それを元に原稿を構成する。これを何度も繰り返すとだんだんと慣れてきて、文字起こしを読むスピードも上がってくる。自分の記憶の助けも借りながら、文字起こしを斜め読みして、パッパッパッと心の結び目をピックアップしていくことができるようになる。要は仕事が早くなるんです。

まずは、見出しをつける

ではここで、約6万字を約2000字にまで減らしたものを見ていこう。

※見出し未定

先輩に地図だけ渡されて、行きました。「ちょっと見てきて」くらいの説明で、2時間くらいのミーティングで決まりました。あとは「GO!」みたいな（笑）。「何を持って行くんですか?」という質問すらできなかった。「道1本しかないから大丈夫だよ」とか言われて。「ちょっと待ってよ」みたいな。でも、実際に行ってみたら、向こうの仕事は出来上がっているので、1週間も見ればわかります。「なるほど、そういうことか」っていう感じで。たとえば、チグニック（アメリカ・アラスカ州の集落）は天然の鮭を水揚げする場所だったんですけど、毎日、多い時は2000トンから3000トンの鮭が揚がってきます。そして、僕たちは買い付けをするので、鮭のボディを見る。お客さんからのオーダーでコンテナを4本貰っているとすると、80トンは買わなくちゃいけない。なので最低でも80トンは見る。「グレーディング（Grading）」といって、傷がついていないかとか、顎が出ていないかとか、模様や色とか、チェックすることが色々あります。紅鮭は「ブルーバック」とも呼ばれていて、品質の高い紅鮭は背中が青い。当然、商品価値も高くなります。なので、「今日は、Aグレードが60%、Bグレードが20%、残りが何%」という検品レポートを日本の本社に送るのも仕事のひとつですね。すると本社から返事が来て「ものがよさそうだから、明日辺りから買い付け入るかもしれない。よく見といて」と。そうしたら、血眼になって見るわけです。間違えたらとんでもない損失になるので(笑)。当時、僕が買っていた魚が8・5ドル。当時の為替が105円だから、1キロあたり892円。そのくらいの商品を買いつけて、だいたい1億2000万くらいの商売になるんです。それを運んだり、船賃がかかって、日本で通関切って、関税を払って、日本の物流でお金をかけてってやって、最終的に2000万とか2500万くらいの利益で売れたらいいよね、みたいな商売なので。そういうことをやっています。でも、残念ながら、サラリーなんですね。月給制の。もちろん頑張れば評価は上がるんですけど、まる儲けできるわけじゃない。悪かった年は評価が下がりますし。自分の責任です。誰のせいにもできないっていうのは、あります。

※見出し未定

冷静に考えると、おもしろくないですか? 仕事って……。何だろう。動物みたいに生きたとしても、きっと死にはしないと思うんです。山に行って、誰も管理してない土地で、自給自足で野菜育てて、野生動物を捕まえて。そんな風に生きてる人も世界にたくさんいます。そういう人を見ていると、すごくうらやましい反面、毎日これだと飽きるなと思いました。やっぱり仕事っていうのは、人にとってなきゃいけないもので、その中で、おもしろいって思うと、少しだけ気が楽になったり。とはいいながら、日本の慣習の中で生きなきゃいけないんですけど、そういう人たちを見てるぶん、少しだけ気が楽になるというか。そうですね、学生の頃は（辛いなんて）なかったと思うんですよ。つまんないものはつまんない。楽しいことをやればいい、と思っていて。ただ、仕事するようになると、強制的にやらなきゃいけないこともある。でも、いつも前向きになんてできない。今でも毎日仕事をやっていて、トラブルが重なったりすると「明日は会社に行きたくない。起きるのもヤダ」、そういうことは毎日あります（笑）。でも、ピンチのときこそ明るく……もちろん、1カ月トラブルがあったらイヤですけど。

わけのわかんないくらい壮大なアラスカの景色を見てると、色々なことが馬鹿馬鹿しくなるし、「すげえな」って思いながら、「何やってんねん」とか言いながら、運転してました。とにかくアラスカは、景色が、半端じゃないほどよかったので。

※見出し未定

見落としますよね。人って。生きてると。回り道してると思っていても、やっぱり見落としているわけで。もっと、色んなもの拾えてる人はいるよなって。もう、きりがないですけど。こんなやついたな、とか、あんなやついたわ、とか、そんなことを思いながら、俺ってこんなことやってきたんだなと思いながら。そんなつもりで（本を）書いてました。最後の最後に、「つまんねー」って言いながら、死ぬのヤダなって。そうであってほしいという。願いもありますが。

うーん。網掛けになっているスペースに「※見出し未定」とあるけど、完成形でなくてもいいから、**見出しは書き始める「前」につけるべき**やで。各セクションでどんなことを書くかを整理しやすくなるし、本文のテイストもコントロールしやすくなります。ちょっと僕が仮に見出しを考えてみようか。めちゃくちゃ適当やけど。

①アラスカって、なぜ行ったんですか？

②世界を股にかけるサラリーマン
③えっ？　鮭が80トン⁉
④高い鮭は背中が青い
⑤「ちょっと見てくる」つもりが、20年アラスカに
⑥どこに行かされるかわからない、それが人生
⑦直塚です！　僕、学生なんで何もわからないんですけど、どんなお仕事なんですか？
⑧「なるほど、そういうことか」——アラスカが教えてくれたこと

ほんまに出まかせで申し訳ないけど、どの見出しに続けて書くかによって、本文の内容もテイストも、ずいぶん違ってくる。現段階では、何をどう構成するかが、君の中ではほとんど整理されていないように見えるねん。

次の段階では「取材者のモノローグ形式」で本文を書いて、見出しは最後の最後に、完璧なものを入れようと思ってました……。

うん。仮でもいいと言ったけど、理想をいえば、最初からビシッと決まった見出しをつける。僕は、最初につけた見出しを変えることはあまりないんだけど、その力は経験を積む中で磨かれていくものだから、今はいいでしょう。

見出しの文言を磨き上げるのは、書き上げた後からでもできます。まず、どう書き進めるか？　取材中のどの要素をどう並べるか？　という構成を自分で整理し、把握するために「先に仮の見出しをつけてから、書き始める」という手順を練習しよう。

いわば**見出しは「質問」、本文は「応答」です。コピーでいえば「見出し」は人目を引き付ける「キャッチコピー」、「本文」は詳細を説明する「ボディコピー」です。**書く力をつけるには、見出しと本文をセットで構成していく訓練が大事なんや。

読者からすると、わかりやすい見出しは一目で「このパートには、どんなことが書かれているのか」がわかるし、「この先を読んでみたい」って思うよね。

たとえば、映画の「インディ・ジョーンズ」や「ミッション：インポッシブル」って、しょっちゅう場所やタイムラインが変わって、入り組んだストーリーになってるやろ。でも画面が切り替わるたびに「カイロ」「イスタンブール」みたいにテロップが出るから、ストーリーについていける。見出しの機能は、これとよく似ていると思うんや。

「サビ」をどう歌うか決めて、書き始める

田中さん、先に見出しを立てて、原稿を書いてみました！　見出しの文言も自分なりに磨いたので、僕としてはほぼ完成のつもりなのですが、どうでしょう？

働く紀行作家、田所敦嗣

田所敦嗣の初の著書『スローシャッター』は水産会社に勤める自身の出張体験を、二十の短篇に綴《つづ》った紀行エッセイだ。彼は海の向こうにビジネスチャンスを見つけると、どこへでも立ち会い、利益を生みだす仕事をしている。

「一人で魚の買い付けに行って、一人で加工して、一人で為替を予約して、一人で保険をかけて、日本で製品で売らなきゃいけない。ほんとに、個人商店です」❸

勿論《もちろん》、一人での限界はある。漁獲・輸送・一次加工・二次加工・品質管理・通訳・備品屋・現地の料理人に至るまで、その都度、プロや専門の工場に頼って商売

をしてきた。『スローシャッター』はそんな専門知の記録とも言えるだろう。想像するだけでも刺激的な仕事だが、個人が負う責任も大きい。

「自分の好きなメソッドでトライしてみて、一円でも多く稼げたら『おおー！』ってなるじゃないですか。嬉しくて。でも、うまくいかなくても人のせいには出来ない」❹

自分で選んだ、と彼は呟《つぶや》いた。

アメリカで変わる価値観。自由と責任、混ざり合う血。

そんな田所の原点は、進路に悩んだ十代の頃、単身でアメリカに住む従兄弟を訪ねた経験に遡る。

「彼らが言う『自由』の意味。その本当の意味というのが、自分にとってすごくしっくりきて。要はアメリカって、自分に相当な責任を負わなきゃいけないんです」❺

自由と責任。相反するように見えた価値感は、表裏一体だった。異国の風に感銘を受けた田所は、貿易業の道を志す。大学卒業後、ドイツやデンマークとやり取りをする機械メーカーに就職し、四年ほど勤務したとき、転機が訪れた。

「田所くん、魚のこと詳しいんだ」

高校から七年続けた魚屋のアルバイトと、大好きな釣りで身に付けた魚の知識と経験が、のちに上司となる男の目に留まった。水産の知識を持った貿易商になりうる田所は、稀有《けう》な人材だったのだ。

当時の仕事も魅力的で、折り合いを付けるために時間を要したが、一年半後、現在の会社へ転職する。決め手は、何だったのか。

「僕みたいなのが、急に行って大丈夫なんですかという話は当然したんですけど『いろんな血を混ぜろ』っていう創業者の言葉が刺さって、ちょっとおもしろそうだ❻な、と思っちゃったんです」

異なる業種から、多くの人が水産の現場に集まり、多様な価値観が交差する社風。小さなアメリカを、そこに見たのかもしれない。

仕事は、人にとってなくてはならないもの

お世辞にも順風満帆と言えない異国の経験だが、田所の文章には、出来事の悲観的な面だけを書くことはしないという意志がある。

「特に最近、若い人の話を聞いていて『コロナでいろいろあったけど、代わりにこ

うということを得たよね』ってプラス思考になれる人って、素晴らしいと思うんです」

感染症下の生活は旅の孤独に通じるものがある。自問自答を繰り返し、幾度も決断を強いられた。しかし重く閉ざされた世界で、彼は筆を執り、新しい扉を開いた。

「やっぱり仕事っていうのは、人にとってなきゃいけないもので、その中でギクシャクすることを『面白いかもしれない』と思うとちょっと気が楽になったりする。考❼えてみると、そういうことは世界から学んだのかもしれません」

日常に光を灯《とも》すように、意志を込めた筆運びや言葉選びは、苦境下で働く人の支えになっていた。

人は人生でどれだけ、落としたものを拾えるだろうか

十年前の田所のブログに、この言葉が記されている。仕事を通じて異国の人間と交流し、多くのものを拾い上げる日々。既に貿易商として世界を旅していた当時の彼が、落としたものは何だったのか。

「僕も同じですよ。回り道で来て、いろんなものを拾えたと思っていても、まだ落❽としている。もっと多くのことを拾えてる人はいるよなって。もう、キリがないで

すね」

本書のタイトル「スローシャッター」は、長くシャッターを開き続けることで、多くの光を取り込み、人や風景の連続性を写真に閉じ込める撮影技法から名付けられた。日常の光を拾い上げる、田所の文章にピッタリと言えよう。

本書は一人の男の出張記録であり、言葉で現像された心象風景だ。❶沢木耕太郎や開高健とは異なる、新時代の紀行文学と、その作家の誕生を祝いたい。❷

よくがんばりました。今日はまず、「見出しを立てて全体の構想ができたら、そこからどう書き進めるか」ということから話していきましょう。

本文を書くとき、先にイメージしておいてほしいことがあるんです。それは「最後の段落」「最後の一行」に何を書くか、ということ。どういうことか、説明していこう。

ものを書く際には「感動のへそ」が大事であるということは、今までにも繰り返し伝えてきたよね。ただ、その難点として、人は何かに心を動かされると、それを書きすぎるところがあるんです。自分が感動したことを、言葉を尽くして伝えたい。人情として当然のことなんだけど、往々にして、それは赤の他人から見ると「イキり」に映る。**エエ格好しすぎると、かえって感動が伝わらなくなってしまう。**こうして「寒い、イタいことを書くライター」として認知されるのは、プロとしてやっていくなら避けたいところやで。

　僕は、人はそれぞれ「もって生まれた量・質のイキり成分」があると思ってるんや。

イキり成分？

うん。でも**文章を書くうえでは、イキり成分を適宜、調整したほうがいい**んです。イキりすぎると「寒い」「イタい」ことになる。かといって、まったくイキってない文章は、「その人らしさ」が感じられなくてつまらない。ならば、仕事ごとに「どれくらいイキるか」を塩梅する。読み手から見て、その加減が気持ちいいのがいいライターだと僕は思ってるんです。
　今回、君は、文字数にして約6万字にも及ぶインタビューを、約2000字の原稿にまとめるという大変な仕事に取り組んだ。リーフレットを手に取る人は、その過程を知る由もない。でも原稿に「何が残ったか」を見るだけで、田所さんの話の何に君が感動したのかは伝わります。

だから、一体誰の感動に基づいて書かれているのかを物語るのは、実は、記事の末尾にある「取材・文　直塚大成」だけで十分やねん。「田所さんのここに感動した直塚大成だーーー！」ってアピールする必要はない。ただし**最終的に、この文章を読者の心に焼き付けるために、一カ所だけ「イキる場所」を作る。これが一番効果的**なんや。歌でいえば、壮大に歌い上げる「サビ」みたいなものやね。そこを最初にイメージしてから書き始めると、「イキりが気持ちよく調整された、かつ直塚大成というライターらしい原稿」になるんです。

僕が書くものも、そういう構造になっているものがほとんどです。典型的なのは、以前連載していた映画評やな。たいてい最初のほうではボケ倒し、ふざけ倒してる。脱線も多い。これは実は、最終的に謳い上げるための「助走」なのよ。サビに向かう前のAメロ、Bメロみたいなもんやね。最終的に「この映画、めっちゃ好きです」と高らかに謳い上げる前の、一種の「照れ隠し」と言ってもいい。

そうしないと、最初から最後まで「めっちゃ好きです」って言いっぱなしの、サビだらけの歌みたいになってしまう。そんなん誰が読んでもウザいやろ。

たしかに、ずっと熱く語られると食傷気味になってしまって、かえって感動が伝わりづらくなってしまいますね。となると今回の僕の原稿は……。

全体的に淡々と書かれていて、心地よい。「この部分に感動した直塚大成だーー！」に陥っていない。そして注目すべきは、最後の段落。ここで君は見事に謳い上げてるんや。

❶言葉で現像された心象風景だ。
❷その作家の誕生を祝いたい。

原稿中の文言には修正が必要だけど、しっかり謳い上げる箇所を設けたのはよかった。でも今回はたぶん、たまたまこの形になったんだと思う。今後は、**最初に「イキリ成分を調整する」「サビを決めてから書き始める」ことを意識する**といいと思うよ。もっと長い文章を書くときにも、この手順がすごく役立ちます。

「話された言葉」をそのまま書かなくてもいい

もうひとつ伝えたいのは、**「取材相手の発言は、より伝わりやすくなるように意訳、編集してもいい」**ということです。前に「言葉のニュアンスをつかみながら書くことが大切」と話したけど（181ページ）、それは「相手の発言をそのまま残そう」ということではないんや。

えっ！　違うんですか？

うん。ただ、使い分けるというのもひとつの方法やね。「こんな言い方はしてません」と言われるのを防ぐために、相手によっては意訳、編集は極力しないようにすることも必要です。

相手の言葉を意訳、編集する場合でも、もちろん、相手の真意やニュアンスが損なわれてしまってはいけません。相手が好んで使っている言葉や独特な表現は、そのまま採用したほうがいい。これらの点を意識しながら、慎重に相手の言葉を加工する。

これは塩梅が難しいところだけど、相手の言葉の意訳、編集が上手なライターは、「よくぞ、あの要領を得ない話をうまくまとめてくれました」って、取材相手からもクライアントからも感謝される。何より、相手の発言を意訳、編集することで、言葉が磨かれて、より読者に届きやすくなる。言葉を磨きすぎて取材相手の「らしさ」や雰囲気が失われてしまってはいけないけどね。

今の原稿中、カギカッコ内の田所さんのセリフは、取材中の言葉をほとんど加工せずに入れてあります。田所さんの発言に手を入れることにためらいがあったので……。

やろうね。今回の原稿は、そんな君の気持ちがにじみ出ているかのようでした。ただ、**話し言葉はあくまでも「口頭で話しているとき」にだけ通用するもので、書き言葉とは別物**です。

具体的に挙げると、次の箇所は、田所さんの言葉をそのまま採用したために、意味が通じづらくなっている、あるいは、田所さんの真意が損なわれている可能性があるところです。

❸「一人で魚の買い付けに行って、一人で加工して、一人で為替を予約して、一人で保険をかけて、日本で製品で売らなきゃいけない。ほんとに、個人商店です」

・「一人で」が繰り返されていて、くどく感じてしまう。

・本当に一人で、手作業で行っている（自分で魚を切っている）ようなイメージで伝わってしまう。

・入社説明ではないので、為替予約や保険などの細かな話を書く必要はない。

・あくまで会社なので「個人商店」は比喩であることが伝わるようにする必要がある。

↓たとえば「うちの会社は、一人ひとりの社員が個人商店ともいえるくらいひとつの製品に対する裁量が大きくて。僕も自分の担当製品は仕入れから加工、販売まで一貫して一人で担当しています」などとする。

❹「自分の好きなメソッドでトライしてみて、一円でも多く稼げたら『おおー!』ってなるじゃないですか。嬉しくて。でも、うまくいかなくても人のせいには出来ない」

・取材時の実際のセリフが「～じゃないですか。嬉しくて。」だとしても、そのまま文字にすると読みにくい。
↓「自分のメソッドでトライしてみて、一円でも多く稼げたら『おおー！』って嬉しくなるじゃないですか」などに変更する。

❺「要はアメリカって、自分に相当な責任を負わなきゃいけないんです」

・ここで語っている意味は「アメリカが責任を負わないといけない場所」ということではなく、「自由って、責任を伴うよね」という話。そのため「要はアメリカって、」を「自由って」としたほうがいいのでは？
・「自分に相当な」の「自分に」が、わかりにくい。
↓「求める自由に対応した責任」という意味で、単純に「自由って、相当な責任を負わなきゃいけない」などとする。

❻「僕みたいなのが、急に行って大丈夫なんですかという話は当然したんですけど『いろんな血を混ぜろ』っていう創業者の言葉が刺さって、ちょっとおもしろそ

うだな、と思っちゃったんです」

・会話だと自然だが、文章になると、どこが「僕みたいなのが」なのか？「一年半」は「急」ではないのでは？「当然」とは、なぜ「当然」？などが気になってしまう。

→ここは丸ごと削除でいいのでは？

❼「やっぱり仕事っていうのは、人にとってなきゃいけないもので、その中でギクシャクすることを『面白いかもしれない』と思うとちょっと気が楽になったりする。考えてみると、そういうことは世界から学んだのかもしれません」

・前後の文脈のズレが感じられる。ここで田所さんが言いたかったことは、「①仕事って、人にとってなきゃいけないものだよね」「②だけど、いいことばかりではなく、もちろんギクシャクすることもある」「③でも、それだって面白がれると、いいよね」ということでは？　このうち②が抜けてしまっているために、「なきゃいけないのに、ギクシャクするの？　ならなくてもいいんじゃないの？　なぜなきゃいけないの？」となってしまうので、要修正。ここを修正すると、このパートの見出しも変わる可能性がある。

❽「僕も同じですよ。回り道で来て、いろんなものを拾えたと思っていても、まだ落としている。もっと多くのことを拾えてる人はいるよなって。もう、キリがないですね」

・「僕も同じですよ」――何に対する「同じ」かが不明瞭で唐突に感じられる。「」より前の導入文への回答になるようにする、直後に何に対する「同じ」かがわかる言葉を置く（倒置法）などして、何に対する「同じ」であるか読み取れるように修正する。

・「回り道で来て」と「いろんなものを～」のつながりが不明瞭に感じられる。回り道すると、拾えるのか？

①まっすぐここまで来たわけではなくて、いっぱい回り道をしてきた
②その過程でいろんなものを落としてきている
③振り返ったり、反省して次に活かしたりして拾えたと思っても、落としているものはまだまだあるもの

というイメージか？　以上の点を検討のうえ、修正する。

・「もう、キリがないですね」――少し投げやりな、ネガティブな印象を読者に与えかねない。

①でも比べたって、キリがないですよね

②だから、自分は自分のペースで拾っていけばいい／だから自分のペースで書いて拾っているんです

みたいなイメージか？　②まで書かずとも、①だけで「キリがないですよね（笑）」としても、今の投げやりな印象は和らぐと思われるので、修正する。

ざっとこんな具合かな。

本当にご指摘のとおりで、ぐうの音も出ません……。修正してきます。

自分がお金を出しても読みたいものを書く

すべての仕事には「クライアント」がいる

ついに直塚くんの初仕事が終わりました。お疲れ様でした！　コンパクトながらも読み応えがあり、田所さんと『スローシャッター』の魅力が存分に伝わってくるインタビュー記事に仕上げていただき、感謝申し上げます。

出会いのひとつひとつが、会社員を作家に変えた。『スローシャッター』著者の素顔

二十年以上会社員を続けてきた男が、本を出した。著者・田所敦嗣さんが綴ったのは、世界で出会った「働く人々」の姿。仕事が無ければ行かない土地で、仕事が無ければ会わない人と、仕事を通じて語り合う。自立した人間同士の交流は「人に会いたい」という気持ちをじんわりと思い出させてくれる。そんな穏やかな文章を書いた田所さんとは、どんな人なのか。彼へのインタビューという「仕事」を通じて、「田所敦嗣」その人に迫る。

海の向こうにも、どこへでも。自分で見て、選んで、切り開く

水産系商社に勤める田所さんは、海の向こうにビジネスチャンスを見つけると、どこにでも立ち会いに行く。

「担当する製品は、仕入れから加工、販売まで一貫して自分で見ています」

もちろん、一人で出来ることに限界はある。壁にぶつかるごとに、それぞれの分野の専門家と組んだり、上司や同僚に助言をもらったりしてきた。プロフェッショナルと組み、自分で裁量を握る仕事は、想像するだけで刺激的だ。しかし、決断には責任が伴う。

「自分の好きなメソッドでトライして、一円でも多く稼げたら『おおー!』って嬉しくなるじゃないですか。でも、うまくいかなくても人のせいには出来ない」

自分で選んだ、と彼は呟いた。

価値観の変化。自由と責任、混ざり合う血

彼の原点は、進路に悩んだ十代、アメリカに住む従兄弟を単身で訪ねた経験に遡る。

「彼らの話す『自由』、その本当の意味がすごくしっくりきたんです。自由を得るには、それに相応の責任を負わなくちゃいけない」

自由と責任。相反するように見えた価値観は、表裏一体だった。異国の風に感銘を受けた田所さんは、貿易業の道を志す。大学卒業後は機械メーカーに就職し、ド

イツやデンマークとのやり取りを担当した。それから二年半ほど経った頃、思わぬ転機が訪れる。

「田所くん、魚のこと詳しいんだ」

高校から七年続けた魚屋のアルバイトや大好きな釣りで身に付けた知識と経験を買われ、水産系商社への誘いを受けた。

「魚に慣れていて、英語も出来る人が珍しかったんでしょうね。『ちょうどいいじゃないか』と言われて（笑）」

メーカーの仕事も魅力的で、折り合いを付けるために時間を要した。悩むこと一年半、ついに思い切って転職を決意する。その決め手は、何だったのか。

「『いろんな血を混ぜろ』という創業者の言葉が刺さって、面白そうだな、と思っちゃったんです」

異なる業種から多くの人が集まり、多様な価値観が交差する社風。小さなアメリカを、そこに見たのかもしれない。

「面白いかもしれない」で、日々に光は灯せる

『スローシャッター』で描かれる異国でのエピソードには、ハプニングも多い。しかし、田所さんの文章には、出来事の悲観的な面だけを書くことはしないという意志が感じられる。

二〇二〇年から続くコロナ禍の生活は、旅の孤独に通じるものがある。自問自答を繰り返し、幾度も決断を強いられた。しかし、重く閉ざされた世界で、彼は筆を執り、新しい扉を開いた。

「仕事をしている以上、やりたくないけどやらなきゃいけない場面や、考えたくもない失敗をしてしまう日はあります。だけど、そこで『この状況も面白いかもしれない』と自分を俯瞰《ふかん》してみると、気が楽になったり、同僚と笑えたりする。そういうことは世界から学んだのかもしれません」

日常に光を灯すような彼の筆運びは、働く人の支えになることだろう。

「人は人生でどれだけ、落としたものを拾えるのだろうか」

十年前の田所さんのブログに、この言葉が記されている。

「もし自分がいろいろなものを拾えていると思っていても、見逃しているものが絶対にあります。憧れの先輩たちを見ていると、あの人たちは僕よりもっと多くのものを拾ってきたんだろうな、と思うんです」

幼い頃から憧れの大人の仕草や態度を真似していたという田所さん。彼が振り返り、掬《すく》い上げたものが、この本を形作ったのだろう。

タイトルの『スローシャッター』は、長くシャッターを開き続けることで多くの光を取り込み、人や風景の連続性を写真に閉じ込める撮影技法から名付けられた。微《かす》かな光を拾い上げる、田所さんの文章にピッタリと言えよう。

本書は一人の会社員の出張記録であり、言葉で現像された心象風景だ。沢木耕太郎や開高健と一線を画す、「仕事」という切り口で描かれた新時代の紀行文学と、その作家の誕生を祝いたい。

（取材・文　直塚大成）

さて、**プロとアマチュアの差は「対価が発生するかどうか」**だから、対価を得た君はもう、いっぱしのライターだ。もし本気でライターとしてやっていくのであれば、今回の仕事で体験したこと以上に、今後、いろんなことがあると思う。そこで、「クライアントの依頼を受けて書き、対価を受け取る」ということについて話そう。

君が対価を受け取るということは、クライアントは、その対価を君に払うことで、より大きな利益を得ようとしているんだよね。ライターの場合、クライアントは書籍や雑誌の出版社だったり、ウェブ媒体の編集部だったりします。クライアントは、書籍、雑誌、ウェブ媒体という「商品」を売って利益を得ているが、これらの商品はコンテンツがなくては成立しない。そこでライターにコンテンツを書く仕事を依頼して、対価を支払うわけです。対価が発生するところには、必ずクライアントがいる。そしてクライアントには、必ず「こういうものを書いてほしい」というリクエストがある。つまり、**クライアントのリクエストに応えなくては対価を得られない**んです。

今回、君にお願いした仕事もそう。概要には明確に「読んだ人が『スローシャッター』を読みたくなるように」と書いてあった。これは自社の商品である紀行エッセイ『スローシャッター』という本を、より多くの人に届けたい「ひろのぶと株式会社」のリクエストだったんです。

著者の田所さんの魅力が伝わり、『スローシャッター』を読みたくなる。もし、そういう原稿を書いてきてくれなかったら、容赦なくボツにして書き直してもらっていたでしょう。

自由にエッセイを書いていたころとは、だいぶ勝手が違いました……。

まあ、基本的にはそうやな。ただし、だからといって「クライアント至上主義」になるのは違うという話もあるんだけど……それは後で説明するとして。

ライターの仕事は、そのつどテーマも違えば文字数も違うんだけど、いずれにせよ、最終的に成果物が完成するまでには、たくさんのステップを踏まなくてはいけません。今回お願いした仕事だと、著者の田所さんの取材の準備をする、取材する、取材の文字起こしをする、原稿の構想を練る、原稿を書く。この間には随時、クライアントの確認作業も入ってくるし、最後にはインタビュー相手である田所さんのチェックも入ります。その段階でも「違う」ということになったら、書き直さなくてはいけない。

けっこう大変やろ？　約2000字の原稿を納品して、それで得られる対価は2万円（税別）。これはあくまで当社の場合やけど、同じ文字数で、もっと金額が少ない仕事は世の中にたくさんある。ファストフード店のバイトのほうが楽してお金がもらえるかもしれんね。時給1000円で1日5時間働いたら、4日で2万円になるやろ。

たしかに。いやいや、僕はライターですから、その経験をもっと積みたいです。

素晴らしい志だと思います。とにかく書くことで対価を得るのは大変なんやでっていう話なんだけど、それでも1個1個の仕事を何とか最後までやり遂げるために重要なのは『読みたいことを、書けばいい。』の意識だと思うんです。

そういうタイトルの田中さんの本がありますね。

自分が書いた本のような気もします。勘違いされがちなんだけど、『読みたいことを、書けばいい。』は、「書きたいことを、書けばいい」ということではない。そして、今話した「対価」にこそ、この言葉に込めた僕の真意を伝える鍵があるんです。『読みたいことを、書けばいい。』という書名は大事な部分が省略されていて、全文を書くと「自分がお金を払ってでも読みたいことを、自分自身で書けばいい」。そして「対価を支払うに値するもの＝商品になるもの＝お金になるもの」だから、「読みたいことを、書く」というのは、クライアントを満足させることにもつながっているんです。

「仕事を頼みやすいライター」になってはいけない

ところで、さっき田中さんがおっしゃっていた「クライアントの要望に応えるといっても、クライアント至上主義になるのは違う」（220ページ）というのが気になってます。たとえば、せっかく書いた原稿が白紙にされた経験、田中さんにはあるんですか？

そりゃ、ありますよ。ある。

そういうときは、全部書き直しですか？

そこやねん。「全部書き直せ」だったら、「なぜ僕に頼んだんですか？」っていうのは言わなあかん。「ライターは星の数ほどいるんだから、もっと適任者がいるんじゃないですか?」と。自分の書く姿勢とか文体、ものの見方・考え方——いわゆる「らしさ」みたいなところでクライアントとの齟齬《そご》があったら、もう向こうに合わせないほうがいい。

いったん引き受けた仕事を断念するのは、かなり勇気がいりそうです……。

それは痛いほどわかる。でも、**「自分じゃない感じ」を求めている人のリクエストに応えようとしても、いいことない**で。「自分じゃない感じ」を求めるってことは、そのクライアントは、こちらに対して理解がないわけでしょ。そういう人は、結局こちらの人格を軽んじてくる。だからそこで「いかようにも、お望みのとおりに書きます」なんて自分を安売りしたらあかんねん。

そう考えると、田中さんが前に糸井さんから言われたようにライター1本でやっていくよりも、別に収入源をもっていたほうがいいんでしょうか（28ページ）?

生々しい話だけど、そのとおり。「この仕事が流れたら来月の家賃が払えない！」みたいな状況だったら、無理してリクエストに応えようとするでしょう。結果、自分だけが消耗する。ほんとにいいことない。だから仕事のひとつやふたつおシャカになっても痛くも痒《かゆ》くもない状況を作り、不本意な仕事は速やかにお断りする。

あの……でも、そういうライターって、クライアントから見れば「扱いづらい」「気軽に頼みづらい」だろうから、仕事が来なくなりませんか……？

今、君はすごく重要なポイントを突いたよ。**クライアントにとって「仕事を頼みやすいライター」になってはダメ**だと僕は思ってるんです。なぜなら、「仕事を頼みやすいライター」には、「安くて割に合わない仕事」ばっかり来るに決まってるから。

①「クライアントの要望に応えて質の高い、自分らしい仕事をすること」と、②「自分じゃない感じのリクエストにも応えること」、③「何でも安請け合いすること」は、別物やねん。

このうち、自分が尊重してもらえるのは①だけ。②、③ではクライアントに軽んじられ、報酬も安い、ということがけっこうある。「こんなに安い報酬で引き受けてくれて、ありがとうございます」なんて感謝されると思ったら大間違いやで。結局は、いいように使われ続けて、個性も特徴もないライターになっていく――とは一概に言えないけど、そういう憂き目にあっているライターが存在していることは事実なんです。日銭を稼げれば満足なら、それでもいいかもしれない。でも、君には長く仕事を続けていける「〆切は、そっちの都合」と言える個性型ライターを目指してほしいんです。

「理想の文章」がなければ、「うまい文章」は書けない

さて、ファストフード店のバイトよりもプロのライターになることを選んだ君は、これから、どんどん訓練を積んでいきます。でも訓練を始める前に、ひとつ重要なことがある。「うまいラーメン屋」と「まずいラーメン屋」、一番の違いは何かわかるかな？

それはダシの取り方でも、野菜の炒め加減やチャーシューの煮加減でもない。本当の違いは、「店主が、うまいラーメンを食べたことがあるかどうか」。「理想のラーメン像」がなくては、技術を磨いても、うまいラーメンは作れません。ライターも同じじゃ。

ああー、そうか。

「理想をもっているかどうか」で、仕事の質は大きく変わる。自分の中に「理想とする文章」があるかどうかが、今後の伸び代を大きく決定づけるんや。

そして理想に近づくためには訓練あるのみ。訓練とは、言い換えれば反復練習です。何度も繰り返し練習することで、実力が磨かれていく。

たとえば、自転車に乗れるようになるのは、訓練の成果でしょ。乗り方を習っているときはグラグラと危うくて、「左右のバランスを取って」「右のペダルを踏み込んで」「次に左のペダルを踏み込んで」……って練習するけど、乗れるようになったら、もういちいち考えない。しばらく自転車に乗っていなくても、またがってしまえばスイスイ漕《こ》げる。これが、大脳で考えることなく小脳で処理できるということ。泥臭い話やけど、これと同じようにひたすら書くことを繰り返した成果として、大脳で考えることなく、小脳で仕事をできるようになるんです。

まあ、当然ながら「書く」という頭脳労働は、身体運動と違って、考えずにできるようになることはない。でも、訓練を積むことで確実に仕事の処理速度は上がるんや。

上達するには訓練あるのみで、訓練とは理想に近づくための反復練習。となると、まず、理想を見つけなくてはいけませんね。どうやって見つければいいですか？

それは**素直な「好き」に従えばいい**んじゃないかな。「好き」に貴賤《きせん》はない。「理想」にも貴賤はない。くだけた文体が好きなら、それを理想とすればいいし、美しい日本語が綴られた文章が好きなら、それを理想とすればいい。それと、師匠みたいな人に出会うかどうかも運命みたいなものだから、鼻息荒く「師事すべき人」を探す必要もない。

　僕の著作には一作だけ短篇小説があるんだけど、それは、大好きな小説家・中島敦と井上靖を理想像として書きました。この二人を勝手に師匠と思って、真似して書いては消し、書いては消し……という感じで仕上げたんです。「どこを」というピンポイントなものではなくて、文章全体に醸し出されている空気感みたいなものを真似した。

　言っておくけど、いくら真似しても、理想像と同じにはならんよ。足元にも及ばん。

訓練とは、理想を真似しながらオリジナルなものを書いていくことですか。

そやねんけど、**理想は常に自分の外側にあるとは限らないんや。仕事で人に褒められたことを理想形として反復する、つまり自分で自分の真似をするのも訓練のうち**なんです。

たとえば僕は、たまたま書いてみた2〜3本の映画評が編集者の目に留まったことで、映画評の連載が始まった。そこでは「おもしろいって褒められた自分の映画評」を自分で真似して、日々の糧《かて》の一部を得ていたわけです。20本くらい書いたところで飽きてやめちゃったんだけど、少なくとも飽きるほどには「自分の真似」をしたんや。

ええと……訓練って「とにかく毎日書け！」みたいな100本ノック風のことですか？

うーん、ちゃうな。それだと書くことが目的化して、あんまり意味がないと思う。そもそも**「何でもいいから毎日、2000字書くんだ！」とか言っている人に限って、自分の中に理想像がない場合が多い**ねん。

今回みたいな単発の仕事のほうが、よほど訓練になります。なぜなら、そこには明確な要望をもつリアルなクライアントがいて、リアルな取材相手がいて、そして君が書いた原稿はリアルな媒体に掲載され、リアルな読者に届けられるわけだから。

原稿を仕上げること以外にも、クライアントや取材相手とのコミュニケーションも含んだリアルな仕事で得られるものは、立派な訓練の賜物《たまもの》なんです。

とにかく反復練習、ですね。

そう。そしてここで、また大切な話をします。**「仕事で書いた原稿は、ライターだけのものではなく、クライアントとの共同制作物である」**ということなんですわ。

　ライターは原稿を書く。クライアントはライターから上がってきた原稿を読み、必要ならば、校正・校閲的な正誤も含めて要修正箇所を指摘する。ざっくりこういう役割分担になっているわけだけど、重要なのは、この原稿を仕上げていくプロセスは、最終的に公になるものに関する「合意形成」のプロセスである、という意識なんです。

　ライターが「こんな感じでいかがでしょう?」と原稿を提出した。クライアントは原稿を読んで「全体の構成はOKです。ただ、①②③の箇所だけ、こういう理由で気になりましたので、調整をご検討ください」と返した。

　そうしたら**ライターは、基本的に、指摘された①②③の箇所しかいじってはいけないんです。**なぜなら、それ以外のところは、クライアントのゴーサインが出たということ、つまり合意形成がなされたということだから。

そうなのか……。僕は自分の原稿を見返すたびに、あちこち、ちょこちょこ直したくなってしまう性分なんですが、それではダメなんですね。

その気持ちはよくわかる。文章に対してこだわりをもっているからこそ、「書いてお金をもらう」なんていう、けったいな稼業に就こうと考えるわけやろ。

それだけに、仕事で書いた文章は「クライアントとの共同制作物」であり、原稿を仕上げるプロセスは「クライアントとの合意形成のプロセス」だという意識が必要や。

原稿を提出するまでは、時間が許す限り、いくらでも推敲すればいい。だけど、ひとたびクライアントに提出したら、そこからは、指摘されたところしかいじってはいけない。もし、どうしてもいじりたいところがあったら、理由を添えて、クライアントに「提案」する必要があります。ま、月に10本も〆切をにらみつつ原稿を書くようになったら、自然と、そうそうひとつの案件に執着してられへんようになるけどな。

流れ作業になるのはダメだけど、軽やかにこなしていかないと「書いて、お金をもらう」というのは、なかなか立ち行かないよ。**クライアントの指摘がなかったところ**

は「もう、これでOK」ということにして、もういじらない。もう気にしない。

うう、僕は「指摘されなかった部分」も含めてすべてゼロから検討し直したくなる。気を付けないと……。

そうやね。原稿に関してのみならず、依頼内容についても同じです。たとえば**発注書で指定されていた原稿の体裁がしっくりこないとき、自分の判断で勝手に変更するのはダメ。**相手には、その体裁を指定した理由や事情があるはずやん。だから、どうしても別の体裁のほうがいいように思えたら、書く前に「ご指定はこのようになってますが、本件はこういう理由でこちらの体裁も一案かと思います。恐れ入りますが、今一度、ご検討いただければ幸いです」みたいに提案しなくちゃいけないんです。

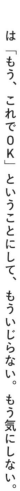

勝手に変えたら、クライアントは「あれ、どうして変えたんだろう？」って思っちゃいますよね。

自分としてはよかれと思って変えたつもりでも、クライアントとの合意形成なしに勝手に変更するのは、プロのライターとしての信頼の毀損《きそん》にもつながりかねない。というのは大げさかもしれないけど、**依頼主であるクライアントと一緒にコンテンツを作っているんだということを常に心にとめておくべき**やね。

その合意形成の途中でクライアントと意見が食い違ったときは、どうすればいいんですか？　たとえば、ある表現を、別のある表現に変えてほしいと言われたけれども、自分としては別の表現に変えるのは嫌だと思ったときとか。

こだわりが強いと、すぐに「生きるか死ぬか」的な喧嘩腰《けんかごし》になりがちやけど、そこで交渉決裂、仕事不履行としてしまうのは得策ではないわ。とにかく、いったんじっくり話し合ってみるべきやな。力関係としてはクライアントのほうが強いから、どうしてもクライアントが譲らなかったら、クライアントの案に従うことになる。だけど、少なくとも**「自分としては元の表現で行きたい、ということは伝えた」という事実によって、人は自分なりに納得して事態を呑み込むことができる**ものなんです。

「ダメ出し」は、伸び代の証

誰かの依頼を受けて書くというのは、**「自分ではいいと思うものでも、人から見ると、そうでもない場合がある」**っていうことを思い知る体験でもあります。

こういうと悲観的に聞こえるかもしれないけど、そうじゃない。だって、今までは自分で選んだテーマで、自分が満足いくように書いていたものが、依頼を受けて書くようになると、クライアントという外側の存在の厳正なるチェックを経て、公開されるわけやん。つまり、クライアントの「ダメ出し」は、クライアントの、ひいては世の人たちのお眼鏡にかなうようにするためのもの。「ここを直したら、もっとよくなると思いますよ」ということだから、**「ダメ出し」は自分の伸び代の証**なんです。

「ダメ出し」は伸び代。

そう。「書いてお金をもらう」には、常に世の中との接点を作る必要がある。プロのライターの力は、**クライアントからダメ出しをされて、「自分が読んでおもしろいもの」**

と「人が読んでもおもしろいもの」を合致させるよう試行錯誤する経験を積み重ねることでも磨かれていくものだと僕は思う。

『スローシャッター』の著者インタビュー記事も、最初に自分が読みたかったものとはまったく違うものになりましたけど、「よく書けてるなぁ」と思えるものになりました。

その**達成感や満足感は、クライアントとやり取りする中で「自分にとっておもしろい」と「人にとっても、きっとおもしろいはず」のすり合わせができたから生まれたもの**なんです。自分一人で書いているだけでは、決して起こらないことです。

　クライアントは何かとうるさい存在だけど、そのうるささの背景には常に「よりよいものを読者に届けたいから」という理由がある。全部「よかれと思って」言ってくれているんや。そういう存在と共にコンテンツを作る醍醐味を味わってもらえたなら、今回のＯＪＴは大成功です。

キャラは変えても、姿勢は変えない

書く内容ごとに「しっくりくるキャラ」を設定する

さてSTEP2の最後に、初仕事を終えた君が、「息長く活躍できるライター」になっていくために、今のうちから知っておいてほしいことを話しておこう。

プロのライターは基本的に、ひとつの媒体に所属しないフリーランスであることが多いです。すると、どこからどんな依頼が来るかわからない。

そこで重要になってくるのは、書く仕事ごとに「自分的にしっくりくるキャラクター」を設定することなんです。直塚大成という人間は一人だけど、「生身の直塚大成」と「ライターの直塚大成」は別物。そして**「生身の直塚大成」のキャラは変わらないけど、「ライターの直塚大成」のキャラは、そのつど変幻自在**でええねん。

ある仕事では「ギャグが冴《さ》えているライター・直塚大成」として書き、またある仕事では「ふざけずに、人の心を動かすライター・直塚大成」として書く。こんな風に、書くものによってキャラを変えるというのも、ライターの仕事のうちなんや。

書き手としてのキャラは一貫性があったほうがいいのかと思ってました。そうでないと「作家性」がブレませんか？

うーん。「作家性」って何やろうね？　一貫したキャラも作家性かもしれないけど、**「キャラ変できる」っていうのも、その人らしさといえる**んちゃうかな。

僕も、時にはいっさいふざけず大真面目に書くことがあります。たとえば数年前に、広島県からの依頼で、広島平和記念資料館と原爆ドームを訪れるという原稿を書きました。テーマからして、絶対にふざけてはいけないし、絶対にふざけたくなかった。だから、真剣に向き合って大真面目に書いたんです。

読みました。普段の感じとぜんぜん違いました！

もし、僕が一貫したキャラという意味での作家性の持ち主だったら、いつもふざけてるから、広島県の担当者は僕には依頼しなかったと思う。でも、僕はこの文章を書くことができて、本当にありがたかった。

キャラ変できるライターであれば、書くものの幅が広がるんでしょうか？

そうやね。「書くものの幅が広い＝引き受けられる仕事の幅が広い＝より稼げる」っていう現実的な話でもあるけど、何より、いろんなキャラに変化して、いろんなものに向き合うことができるのって、めっちゃよくない？

ただし**キャラは変えても、決して変えてはいけないことがあります。テーマに向き合う際の「誠実な姿勢」です。**誰の目から見ても真面目に扱わなくてはいけないテーマでも、世間から「アホちゃうか」と思われそうなテーマでも、そのことについて書くことを仕事として引き受けたからには、誠実に向き合わなくちゃいけないんです。

つまり変えていいのはアウトプットとしての語り口だけで、対象へのアプローチ法は変えてはいけない。「8月6日、広島に原爆が落とされた日に改めて世界の核軍縮について考える」というテーマでも、「鶏と卵、どっちが先か論争に終止符を打つ」というテーマでも、「なぜカレーには納豆が合うのか」というテーマでも、誠実に向き合い、調べて書くという点では、まったく同じ方法論で向き合うのがプロの仕事なんや。

定型文で「言った気」になってはいけない

君が今後「ものを書いてお金をもらう」という経験を積み重ねるにつれて、もしかしたら、こんな落とし穴にハマりそうになることもあるかもしれません。それは、定型文です。

駆け出しのころは「報酬をもらえること」自体が新鮮で、多少の野心なんかも手伝って、すべての表現に気を配る。ところが、**経験を積むにつれて書くことが自分の中で飽和状態になってくると、使い古された定型文を使ってしまう可能性がある**んや。

もちろん、すべての定型文が悪いとは言わへんで。次のようにしっくりくる定番の組み合わせがあることも事実です。

①「素顔」→「迫る」
②「肖像」→「映し出す」

ここで僕が問題にしているのは、使い古されて、ほとんど意味を成していない定型文やねん。ニュース番組や新聞は、そういう表現のオンパレードやで。たとえば、夏になればこんな言葉が目に耳に入ってくる。

「今日は気温が上がって真夏日となり、江の島の海水浴場には若者たちが甲羅干しに訪れています」

この、「甲羅干し」という表現に実感がこもっているか？　「なあ、甲羅干し行こうぜ」とか若いやつが言うか？　こういうのを何の疑問もなく使う人たちがいる。

うーん、日々言葉を世に送り出しているプロの技、という気もしますけど。

いや、本当にプロを自負するんだったら、定型文なんかに逃げ込まずにオリジナルな表現を磨くべきやろ。**定型文ばかり使うのは、目の前の光景を「きちんと表現すること」を放棄している思考停止状態**だと思うんや。

「実感のこもったオリジナルな言葉で対象を表現すること」を本分とするライターが、使い古された定型文ばっかり使うようになったらおしまいなんです。

「みんなが言っていること」は言わない

田中さん、僕がもし今後書く仕事をいただけるようになったとして、そんなに珍しくもないテーマで書いてほしいと言われたときは、どうしたらいいんでしょう？　同じテーマで書かれたものがいっぱいあったら、差別化が難しいですよね……。

一番いい方法は「**みんなが言っていることは言わないこと**」だけど、言うは易《やす》し、行うは難《かた》し、や。だけど、それをしないことには埋没してしまう。

　僕だったら、まず、みんなが書いているものを読みます。手始めに、そのテーマの代表的な媒体、たとえば映画だったら代表的な映画雑誌や映画番組をひととおりチェックする。次に、ネットで言われていることも可能な限りチェックする。もちろん全部は無理だけど、斜め読みで５００くらい目を通せば、だいたいみんなが言っていることの共通点がつかめます。５００人中３００人くらいが同じことを言ってるから。**多数派の意見の傾向がつかめたら、それ以外の着眼点から書く。もしくは、導入部で大方の傾向を挙げて、みんなが言っていることを枕として使う方法もある。**

「〇〇〇については多くの人が×××と言っています。おおむね同意見だけれども、僕は別の△△△の部分に注目しました」

大変だけど、これも一種の「調べる」や。さらに、みんなが言っていることを知って、それ以外の着眼点を設けたら、さらに調べる必要が出てくる。

たとえば、映画「アバター：ウェイ・オブ・ウォーター」が「つまらなかった」という意見はたくさん見られた。その理由として多かったのは、「史上最高の製作費をかけているくせに、物語が単調だった」「全篇ＣＧだと役者の演技が伝わってこない」などだった。一方、自分が怒りを感じたのは、この映画が「植民地支配の無邪気な体現」であるという点だった、とする。

さて、これを軸に批評を書くとしたら、どうしたらいいか？「植民地支配とは何か」を学問的に調べてから論じなくては、「植民地支配の無邪気な体現である」という点が根拠に乏しい印象論になってしまって、説得力が出ないよね。

みんなが言っていることを知ったうえで独自の着眼点を設ける。そこからさらに調べると、誰もが書いているテーマでも、誰も書いていないものが出来上がる。

そう。**「自分なりに調べてみること」は、オリジナリティの担保にもつながる**んです。

そのプロセスをいっさい経ずに、自分の印象だけで勝負しようとするのは危険やで。もし自分が発表した印象批評が、たまたま他の人が言っていることと一緒やったら、きっと誰かが見つけて「パクリ」って言うてくるからな。何より、いっさいの調べなしに自分の印象だけで勝負しようと思ったら、何の裏付けも深みもない、ただ感想を並べただけのものになってしまう。それは小学生の作文と何も変わらないやん。

素朴な意見であっても、プロならそれを独自の言葉で表現し、人の目に耐えうるものを仕上げなくてはいけない。それには例外なく「調べる」というプロセスが必要や。

自分の素朴な意見が、「みんなが言っていること」と同じ場合は……？

うん。たしかに時には、どうしようもなく「みんなが言っていること」に賛成で、自分だけの着眼点が見つからない場合もあるわな。そこで無理やり独自の着眼点を設定しようとすると、めちゃめちゃつまらないことになるから要注意やで。

少し前に、僕は「BLUE GIANT」というアニメ映画を観て、えらく感動しました。音楽を担当した上原ひろみのオリジナル楽曲のジャズ演奏が、とにかく素晴らしかった。同じ感想をもった人は、たぶん全国で50万人くらいはいると思う。

そこで無理やり独自の着眼点を探そうとして、「あのとき主人公が飲んでいたコーラらしき飲み物は、チラッと映ったパッケージデザインから類推するにドクターペッパーだろう」なんて書いても、しょうもないでしょ。

たしかにそれは、ほんとしょうもない感じの視点ですね。

こんなのは独自の視点なんて立派なものではなく、単にみんなが言っている、そして自分も賛同している感想を書くことから逃げているだけやねん。「BLUE GIAN

T」の批評をするなら、たとえば、上原ひろみのアルバム作品を引き合いに出して、その音楽性に迫るとか、ジャズを扱った他の国内外の映画と並べてみるとかして、「みんなが言っている素晴らしさ」を自分なりの切り口から表現する。**「みんなが言っていること」に賛同しかない場合、ライターならば、それをいかに自分なりに言語化し、「みんなが言っていること」だけにならないようにするか、というところから逃げたらあかんねん。**

まず自分自身が対象と真正面から向き合わなくては、ちゃんとした読み物として成立するものは書けませんね。

そのとおり。「みんなが言っていることを言わない文章」は、「自分なりに調べる」というプロセスがあってこそ可能になるんです。

誰もバカにしないと心に誓う

ちなみに、ライターの腕前が試されるのは、原稿だけではありません。

たとえばメールや告知文ひとつをとっても、言葉の選択を誤ったために「他者に対する基本的な敬意が足りなく見える＝ナメた態度に見える」のは、やっぱり損やねん。

人がナメた態度をとってしまうのは、本当に人をナメている場合もあるけど、多くの場合、実は「ちょっと尖った存在でありたい」という気持ちの片鱗だったり、「丁寧に言うのが気恥ずかしい」という照れの裏返しだったりするんや。本当は人をナメているわけではない。だけど、悪気なくナメた態度をとってしまって、嫌われる。ディスられる。だとしたら、めっちゃ損だと思わない？

うーん、ＳＮＳなどの発信では何となく「尖ったこと言ってやろう」となりがちかも……僕自身にも心当たりがあります。

ナメた態度をとるのは、「自分の書いたものを人に読んでもらってなんぼの商売」という観点から見ても愚策でしかない。

ちなみに、言っていることが過激だとか、突飛だとかで炎上するなら、勇気をもって炎上すればいい。でも、不用意な言葉遣いで「こいつは他者に対する敬意が足りない」って思われるのは炎上じゃない。ただ「無礼な人」レッテルを貼られるだけや。

悪気はぜんぜんないのに、「ナメんじゃねえぞ」って非難されたら凹《へこ》みます……。

そうやろ？　だったら、「自分が書くものの中では、絶対に誰のこともナメない、ナメた風に扱わない」と、今、心に決めること。それを実行していくためのテクニックとしては、「自分と自分以外の人たちの立ち位置」を図にすることやね。これは僕がいつもやっていることなんだけど、自分の外側にカメラを置くような意識で、自他の関係性を客観的に眺めてみる。そして、「自分のこの書き方は、誰かをナメていることにならないだろうか？」「無礼じゃないだろうか？」というのを、外側のカメラの視点でチェックするんです。

図にしてみる？

クライアント

資料を残してくれた人たち

体験談や知見を聞かせてくれる人たち

自分が書いたものを読んでくれる人たち

発注

先人の知見

新たな視点

原稿を読む

ライター

たとえば、「クライアント」と「自分」の立ち位置を図にしたらどうなる？　クライアントより自分のほうが下におるわけ。いや、人間に上下はないで。そやけど仕事の流れというのは厳然としてあるわけや。

では、仕事で大昔の人が書いた一次資料に当たったときは？　大学などの組織の研究成果に触れたときは？　誰かの話を聞きに行ったときは？　図にしてみると、彼ら・彼女らよりも自分のほうが下にいるよね。この図が頭にあれば、原稿の中で、この人たちを失礼に扱ったりすることはない。

さらに世の中の人たち、つまり読者を加えたらどうなる？　仕事を依頼してくれた「クライアント」がいて、「資料を残してくれた人たち」や「体験談や知見を聞かせてくれる人たち」がいて、「自分が書いたものを読んでくれる人たち」がいる――この全員の下に自分がいることになるよね。

ライターはどう考えても、誰に対しても偉そうにはできない立場ですね。

COLUMN 2

「調べて書く」に磨きをかける

取材を行い、インタビュー記事を書いて対価を得る。この初仕事を通じて、直塚くんはライターとして目覚ましい成長を遂げました。

座学で伝えられるのは主に心得の部分だけ。それはもちろん、学びをスタートさせる段階では必要なものですが、それ以降の技術面——対象と向き合い、原稿を書き上げるライターという仕事の「実際のところ」を学ぶには、やはり実際に仕事をしてみるのが一番です。

この本を手に取ったライター志望の皆さんにも、どうにかして機会を得て、「書いて、お金をもらう」体験をすることをおすすめします。直塚くんがそうであったように、自分で好きに書くのとは違って「クライアント」が介在する仕事は、必ずや多くの学びと成長をもたらしてくれるでしょう。

さて本書の講義は、いよいよ最終局面に向かいます。

続くSTEP3では、「調べる」という点を強化していきます。ひと口に「調べる」といっても、「丹念に文献に当たり、読み込む」から「専門家に取材を申し込み、話を聞きに行く」まで、学ぶべきことはまだまだたくさんあります。そのすべての工程を経てひとつの記事を書き上げることで、プロのライターの基本スキルを一気に身に付けていきましょう。

第4章で
一番大事なことを言います。

文字起こしを読み返さなくても思い出せる
「心の結び目（感動ポイント）」を中心にして
構成しよう。

仮にでも「見出し」をつけると、
文章の骨子、狙いが明確になる。

取材相手の発言は、
より伝わりやすくなる表現にするため、
意訳、編集してもいい。

「自分でお金を払ってでも読みたいと思えるもの」
を書こう。それはクライアントを満足させること
にもなる。ダメ出し＝伸び代の証。

書くものによって「キャラ」は変えても、
「真摯《しんし》な姿勢」は変えてはいけない。

調べる・
人に会う・
執筆する

STEP 3

プロに読まれても
大丈夫な文章を
目指そう。

調べて書く、が
大前提ですね。

第5章

調べる

直塚くん、君には、まずSTEP1で自由にエッセイを書いてもらった。次にSTEP2で「仕事」としてインタビュー記事を書いてもらった。その間、「書くこと」について重要な点をお話ししてきました。そろそろSTEP3、「ちゃんと調べる」ことを学ぶタイミングでしょう。
　特に一次資料を閲覧したり、専門家に話を聞きに行ったり、というところはまだまだ。取り組むのに少し時間がかかる課題に挑戦することで、この点を強化していこう。

最初にご指摘いただいた弱点に、ついにこれから取り組むんですね。

そう。君は書くことが好きだよね。自分が読みたくて書いたものがおもしろいから、人にも「ちょっと読んでみてよ」って思えるのは、ライターのマインドとして、すごく大事なんです。そこに「納得いくまで調べてから、書く」という能力が加わったら、誰から何を依頼されてもちゃんと書けるプロになれます。
　では、本講義最後の課題を発表します。本書の担当編集者・SBクリエイティブの小倉さんから君への依頼文を預かっています。テーマは「豆腐と納豆」です。

そういえば、田中さんに初めてお目にかかった面接の場で、「『納豆について書いてください』って言われたら、どうする?」というお話がありましたね（26ページ）。講義がスタートして以降も、何度かこの話題が出ました。

ざっくりとした何の変哲もないテーマで、驚いたかもしれない。この講義の目的は、「調べてみました。こんな説があります。専門家に聞いてみました。こんなことがわかりました」という過程を踏んで「調べる」の訓練をしてもらうこと。どんなお題が与えられても、このプロセスをちゃんとできるのがプロのライターなんや。
　そしてその末にライター・直塚大成はどんな境地に辿り着いたか、まで丹念に書こう。最終課題といっても、報酬が支払われるれっきとした「仕事」ですわ。

うーん。正直、現時点では「なんのこっちゃ?」という感じなのですが、おもしろがれるようにがんばって取り組んでみます。

ははは。正直やな。では、よろしくお願いします。

直塚 大成 様

SBクリエイティブ株式会社
学芸書籍編集部
小倉　碧

書籍『「書く力」の教室』へ寄稿頂く
原稿執筆のご相談につきまして

お世話になっております。
直塚さんに原稿をご執筆頂きたい「テーマ」「内容」「文字数」「大まかなスケジュール」などについて、まとめさせて頂きました。

ご検討頂けますと幸いです。

テーマ

『豆腐と納豆』

主旨

上記のテーマについて、お調べ頂いた文献と、専門家への取材内容に基づき、直塚さんなりに「自分はこの説が正しいと思う」という論考をお願い致します。

1

この原稿を読んだ方が、豆腐と納豆を食べたくなるような内容にしてください。

文字数

1 万字程度

スケジュール

8 月の第 1 週に行う定例ミーティングで、完成原稿（第 1 稿）を提出してください。
何度かフィードバックをさせて頂き、8 月末日までに内容を FIX いたします。

掲載媒体

・書籍『「書く力」の教室』
・『「書く力」の教室』note

以上でございます。

ご多忙のなか恐れ入りますが、
ご検討を賜りますよう、宜しくお願い致します。

2

「通説」を鵜呑みにしない

「といわれている構文」は信じない

何について調べる場合も、まず気をつけなくてはいけないのは「通説」です。要は「みんなが言っていること」なんだけど、みんなが言っているからといって「正しい」とは限らないんや。その実、大半が真偽不明の怪しい説だという前提で見たほうがいい。

たとえば、こういうやつ。

「『人』という字は二人の人間が支え合っている」

そんなはずないやろ。どう見ても「歩いている人」を示した象形文字だし、漢和辞典を引けばそう記してある。つまり、こんなことをドヤ顔で言うのは、テレビドラマが流した説を真に受けてしまった残念な人です。

ここまで明瞭なものでなくても「通説トラップ」は至るところに潜んでいます。**堅めのサイトや文献でも、「といわれている」と断言を避けているものは多く見受けられる。この文言を見たら、「本当にそうなのかな？」と疑うクセをつけたほうがいい。**

田中さんは常々、「カワウソとラッコは同じ動物」という説を広めようとしていますね。

そこまでくだらない嘘なら、そもそも誰も信じません。しかし少し前に、僕はある依頼を受けて原稿を書くために、「鯛《たい》めし」の起源を調べたことがある。まずネットで検索してみたら、農林水産省のサイトにこんな風に書かれていた。

「神功皇后の朝鮮出陣のころにはつくられていたといわれている。松山市の鹿島明神に戦勝祈願した際に、漁師たちから献上されたタイを吉兆と喜び、そのタイでごはんを炊いて供えたことが始まりといわれている」

これも「といわれている」構文だけど、公的機関がそう書いてるんだから、確かな裏付けがあるはずだ、と思うよね。

　ところが国立国会図書館のデジタルアーカイブでいくら調べても、そんなことを書いてある文献はひとつも見つからなかった。だから僕も、記事では「農林水産省のページには『といわれている』という適当なことが書いてあります」って書くしかないやろ。

うーん……農林水産省がそう書いてるなら「正しい」と思ってしまいそうです。

こうして真偽不明な説は、疑うことを知らない人々によって世間に広められてしまうわけや。それに加担しないためにも「一次資料に当たる」プロセスは大事なんです。

田中さん。実は「豆腐と納豆」というテーマをいただいてから、「納豆」について少し調べてみたんです。そうしたら、まさしく「通説」のオンパレードでした。

　それぞれ異なるシチュエーションで「馬の背に煮豆を積んでいたら、たまたま納豆ができた」という説が全国各地で伝わっているし、他にも「神に納める」に由来するとか、「甕《かめ》に納める」に由来するとか、「神棚に差した藁に繁殖した納豆菌が供物の豆に付着した」説とか、一体どこから引用してきたんだ……？　っていう説ばかりでした。おもしろいんですけど、どの説も真実として扱うのは厳しいなと思っていました。

いいね、いいね。**「おもしろさ」と「正しさ」は別物なんや。厄介なことに、読んでおもしろい説ほど伝播《でんぱ》し、いつの間にやら通説になってしまうところがある。**「諸説あります」の範疇内で、あくまでも物語として楽しむのはいいんだけど、出典がはっきりしないもの、出典を探しても見つからないものは、やっぱり「世間ではこういわれているが、真偽は怪しい」と見なす冷静さが必要なんです。

読み手は必ず「曲解」「捏造」する

通説には、後世の人たちの曲解や切り取り、改竄《かいざん》によって、真っ赤な嘘や眉唾の説が流布されてしまったケースもあります。例を挙げよう。

「健全な精神は、健全な肉体に宿る」

この言葉は有名だよね。これは古代ローマの詩人、ユウェナーリスが自著に記した名言として伝わっている言葉なんだけど、本当は、そんなこと書かれてへん。「〔……〕それでもあなたが、神々に何かをお願いしたいのならば、〔……〕どうか、健全な身体に健全な精神を与え給えと祈るがいい」（『ローマ諷刺詩集』岩波文庫）――つまり、すべてお見通しの神に、あえて乞うべき切なる願いをユウェナーリスは記したんです。

ところが「願い」の部分が無視され、「健全な精神は、健全な肉体に宿る」と曲解されて後世に伝わってしまった。こうしてユウェナーリスの真意とは裏腹に、「肉体の鍛錬こそが精神修養につながる」というスポ根的な教訓として語り継がれる羽目になったわけです。

神への切なる願いがスポ根に……ひどいですね。

そうやね。もうひとつ例を挙げよう。

「天は人の上に人を造らず人の下に人を造らず」

これは福沢諭吉が書いた『学問のすゝめ』の中の一節で、誰もが知ってる有名な言葉だけど、長い長い続きがあることは、意外と知られていないようです。全部引用するのは控えて文意だけとると、「たしかに生まれながらの貴賤はないが、学ぶかどうかで賢者か愚者か、富める者か貧しい者かが分かれる。だから成功者になりたければ大いに学び、賢くなるべし」と、書名に謳われているとおり「学問のすゝめ」の話になっていく。ところが、「天は人の上に人を造らず＝人は皆生まれながらにして平等なのだ。格差があってはいけないのだ！」みたいな倫理観として語り継がれてしもうてるねん。たしかに人は生まれながらにして平等だけど、学ぶか学ばないかで、人生の行く末は大きく変わる。この後半部分こそ福沢諭吉が言いたかったことなのに……。

「曲解」や「切り取り」ってずいぶん昔からあったんだ。その言葉を書いた本人からしたら「おいおいおい〜」って感じですよね……。

「俺が言いたかったのはそんなことじゃない」って草葉の陰で嘆いてるやろね。

後世の人たちの罪は「曲解」「切り取り」だけではありません。元の言葉の文脈を無視し、「改竄」を加えて言い伝えている例もたくさんある。たとえば、こんな言葉、聞いたことない？

「愛とはお互いに見つめ合うことではなく、二人で同じ方向を見ることだ」

結婚式のスピーチで聞いたことあります。

フランスの作家、サン＝テグジュペリの『人間の土地』（飛行機乗りだった著者によるエッセイ）に出てくる言葉が元になってるんやけど、内容は、ひたすら空を飛び回る「飛行機乗りたちの日々」がメインで、恋愛の話はほぼ出てこない。

例の言葉の元となったのは、主人公が僚友（仕事仲間）と共に砂漠で遭難した場面なんです。水も食糧も尽きた生きるか死ぬかの極限状態で、僚友と二人で過ごしているときに、ふと出た言葉が「愛するということは、お互いに顔を見あうことではなくて、一緒に同じ方向を見ることだ」だった。恋愛でも結婚でもなく、究極の仲間愛を言い表したものなんです。

そ、そうだったのか……。

うん。ところが、その文脈が無視されて恋愛や結婚の話にされている。「恋愛の伝道師、サン＝テグジュペリは、こう言っています」なんて著者の実像まで改竄している資料もあるくらいで、呆れて物も言えない。言っておくがサン＝テグジュペリが恋愛を主題にした作品はデビュー作だけ。これは全然評価されず、飛行機乗りとしての経験を元にした作品群でようやく高い評価を得たというのに、何が「恋愛の伝道師」やねん。
　今回、君が「豆腐と納豆」について調べる中で出合ういろいろな資料にも、同様に後世の人たちが罪を犯しているものが紛れているかもしれないから、気をつけよう。

しかと、心に刻みました。

ちなみに、**単なるイメージから「こう言った」と捏造されることもあります。**よくあるのは、歴史的人物や有名人の「定番セリフ」として伝わっている言葉やね。

①5・15事件のとき、犬養毅《いぬかいつよし》は暗殺者に「話せばわかる」と言い、それに対して暗殺者は「問答無用」と言って引き金を引いた
→目撃した女中の証言によると、犬養が「話せばわかる」と言ったのは事実だが、

暗殺者は「問答無用」と言っていない

②カエサルはブルータスの裏切りが判明したとき、「ブルータス、お前もか！」と叫んだ

→実際に言ったという記録はない

こんなのは、もう数え切れないくらいある。

みんなが「あの人は、あのとき、こう言った」って言ってるから、つい裏を取らずに書いてしまいがちだけど、正確を期するに越したことはありません。**「世の中で言われていること」の裏を取るという意味でも、地道に「調べる」ことは重要**なんです。

「調べて、書く」は、「逃げずに、書く」こと

調べものに「回り道」はつきもの

さてここで、すでに少し「豆腐と納豆」の調査を始めている君にひとつ忠告があります。**「調べて、書く」というプロセスには、「一次資料のまわりをうろうろと彷徨《さまよ》うこと」がつきもの**なんです。

も、もしかして、ぜんぜん調べが進まず袋小路に入る可能性も……？

はい。可能性どころか、間違いなく一度はその状態に陥る時期があるでしょう。1週間も2週間も図書館で本を漁《あさ》りまくったのに、なーんも新しい発見なかった！　なんてこともザラです。古い史料に当たらなくてはいけない場合は特にそう。

がーん。時間をかけた挙げ句、振り出しに戻ることもあるんですか……。

だからといって調べたことが無駄になるわけではないよ。

「調べに行きました。ひとつ、こんな史料がありました。では、これを元に論を進めていきます」

こんな風に書いてあっても説得力ゼロでしょ。

「自分なりに調べ尽くして、やっぱり最初に見たこれが一番重要だと思います」

こう言えること自体が価値やねん。調べた過程をすべて書く必要はない。だけど、どれだけ調べたかは原稿の端々からわかるものなんです。それに、「書き手がどれだけ調べたのか」を示すものとして、原稿末尾の「参考文献一覧」があるわけや。

参考文献一覧が長かったら、「これだけの資料に当たりました。本文中には登場しないものもありますが、これが調べたことのすべてです」と自ずと物語ってくれるわけです。

ちなみに、どこまで調べたら、「書ける」と見なしていいんですか？

ここで、STEP1で「仮説」について話したことを思い出してほしい（72ページ）。仮説は最初から一貫していなければならないわけではなく、新しい資料に触れるたびに変容していくものだと言いました。その点を踏まえて、では、どこまで調べたら「書ける」と見なしていいのか？　それは「巷《ちまた》でよく聞く説とは違うものが見つかったとき」なんです。「世間で知られていない事実の可能性」かもしれないし、「検索して出てくる通説は誤りである」ということかもしれないし、いろんな資料を総合して得た「独自の切り口」かもしれない。**他の人に「あ、その話、知ってる」と思われなさそうなものが見えたら、もう調べる段階は十分**でしょう。

その段階に行くまで、いろいろ資料に当たりますよね。資料って、仮説を立てるために手繰っていく綱みたいなものだと思うんですけど、違うルートに導く綱が何本もあって、どれも「絶対に間違い」じゃなさそうな場合、手繰る綱をどう選べば……？

調べたことで自分の元に集められたあらゆる可能性を、いったんすべて「アリ」として眺めてみる。そのうちどれをとるかは、自分なりに調べ尽くしたと思ったところで自ら選ぶべし。「確からしさ」を何に依《よ》るかを選ぶのは、書き手の責任なんです。この責任を負うことができなければ、「いろいろ調べました。諸説あるようです。物事ってわからないものですね。では」で終わる、そのへんの三文記事と何も変わらんようになるよ。

覚悟を決めて「ここまで調べました。ここからは自分なりに調べてみて得られた結論を書きます」と明示する。そこに読者はライターの気概を見て、感動するわけです。

「その道のプロ」に読まれても恥ずかしくないように、と意識する

今は便利な時代で、たいていのことはネットで調べがつく。いや、現代人は「**たいていのことはネットで調べがついてしまう症候群**」に陥ってるだけや。

「たいていのことはネットで調べがついてしまう症候群」？

そやで。検索窓にキーワードを入れたら「もっともらしいもの」がいくつもヒットする。おまけに最近では生成ＡＩまで登場して、世の中にある膨大なデータを編集して「もっともらしい答え」を生成してくれるようになった。結果、ますます人々は「自分で考えて必要とあらば自分の足を使って一次資料に当たりに行く」ということを怠けるようになってしまった。

自宅にいながらにして多くの情報・知識に触れることができる。とんでもないデマもある一方、きちんと一次資料の出典を示している硬い読み物もある。ならば玉石混《ぎょくせきこん》淆《こう》の「石」だけを選び取れるよう、ネットリテラシーを高めればいいだけではないか？　出かける必要はないのでは？　と問われたら、僕はやっぱり「出かける必要はある」と答えます。プロのライターたるもの、自分が調べて、書いたものを「その道のプロ」が読んでも恥ずかしくないようにすべきだと思うからです。

僕がかなり骨太な調べものをして書いた中に、ベートーヴェンの「第九」について書いたコラムと、朝鮮半島の高麗《こうらい》王朝の政治家、李斉賢《りせいけん》について書いた『東国《とうごく》の櫟《くぬぎ》』という短篇小説があります。この話をすると驚かれることが多いんだけど、「第九」のコラムはオーケストラ指揮者の佐《さ》渡《ど》裕《ゆたか》さんに、『東国の櫟』は日本では数少ない高麗史の専門家の、関西のとある大学教授に手紙をつけて読んでいただけませんかとお願いをしたんです。

プロの目に堪えないものは絶対に世に出したくなかったから、わずかなつてを辿り、勇気を振り絞って送ったんです。お二方とも、読んでくださって、これはダメだとはおっしゃらなかった。本当にありがたかった。

すごいですね！　お忙しい中、目を通してくださったとは……。

うん。佐渡さんとは、そのご縁で、何年も後にベートーヴェンの「第九」についてYouTubeで対談が実現して……。自分の書いたものがどんな場所に自分を運んでくれるか、不思議な思いやね。

学術論文って必ず査読されて、お墨付きを得たものだけが学術誌に掲載されるでしょ。そういう厳しい世界で調べて、書いている人たちがいるんだから、僕も、その道の人が見て「大丈夫」と思ってもらえるものを出さないといけないと思ってるんです。
さて、一次資料の重要性については、今、話したとおり。直塚くん、少しずつ「豆腐と納豆」について調べてると思うけど、当たるべき一次資料の目処《めど》はついてる？

はい。「納豆」の名称の由来を調べていたら、「〝納所《なっしょ》〟で造られたものだから納豆と呼ぶ」という説を唱えるものが非常に多かったんです。中には出典を示しているものもあって、この説の根拠は、どうやら江戸時代の本草《ほんぞう》学者、人見必大《ひとみひつだい》が書いた『本朝食鑑《ほんちょうしょっかん》』という本のようなんです。

大変興味深い話です。古い書籍を閲覧するなら国立国会図書館がいいでしょう。今はデジタルアーカイブが充実してるから、まずは、そこで検索してみよう。

わかりました。探してみます。

国立国会図書館へ行ってみる

直塚くん、国立国会図書館のデジタルアーカイブ、使ってみてどうだった？

『本朝食鑑』、ありました！　そして「納豆」の記載、ありました！　デジタルアーカイブだとキーワード検索ができるので、比較的すぐに見つかりました。それでも「一番よく目にしてきた説の元祖がここに！」と思うと感激です。

この**「あったー！」っていうのが、一次資料に当たることの醍醐味**やね。

はい。そして、実は衝撃的な事実が判明しまして……。『本朝食鑑』は漢文なので僕には読めません。原書中に「納豆」とあるのを確認できて満足したところで、その内容は、書き下し文になっている『本朝食鑑』（平凡社）を参照しました。
　すると、納豆の項の冒頭に「釈名：納の字の出所は未詳である。ある人は、『僧家の庖厨《だいどころ》を納所という。納豆は近代《ちかごろ》は僧家で多く造っている。この豆が僧家の納所で造られるのでこう名付けるのであろうか』という。この説もまだ的当とはいえない」とあったんです。

　つまり、①納豆の「納」が何に由来するのかは未詳、②「納所で造られた豆→納豆」というのは、ある人が憶測で言っていた説、③その納所とは現在の「寺で施物・会計の寺務を扱う場所」という意味ではなく「台所」の意味である、④しかし、この説も本当かはわからない――原典に当たってみてわかったのは、「納豆」を記載した人見必大もよくわかっていなかったということでした……。

「わからん」と正直に書いてるんやね。

はい。もしかしたら、真相究明は後世の研究に託したい、という意図もあったのかもしれませんね。ところが釈明の部分はサクッと無視され

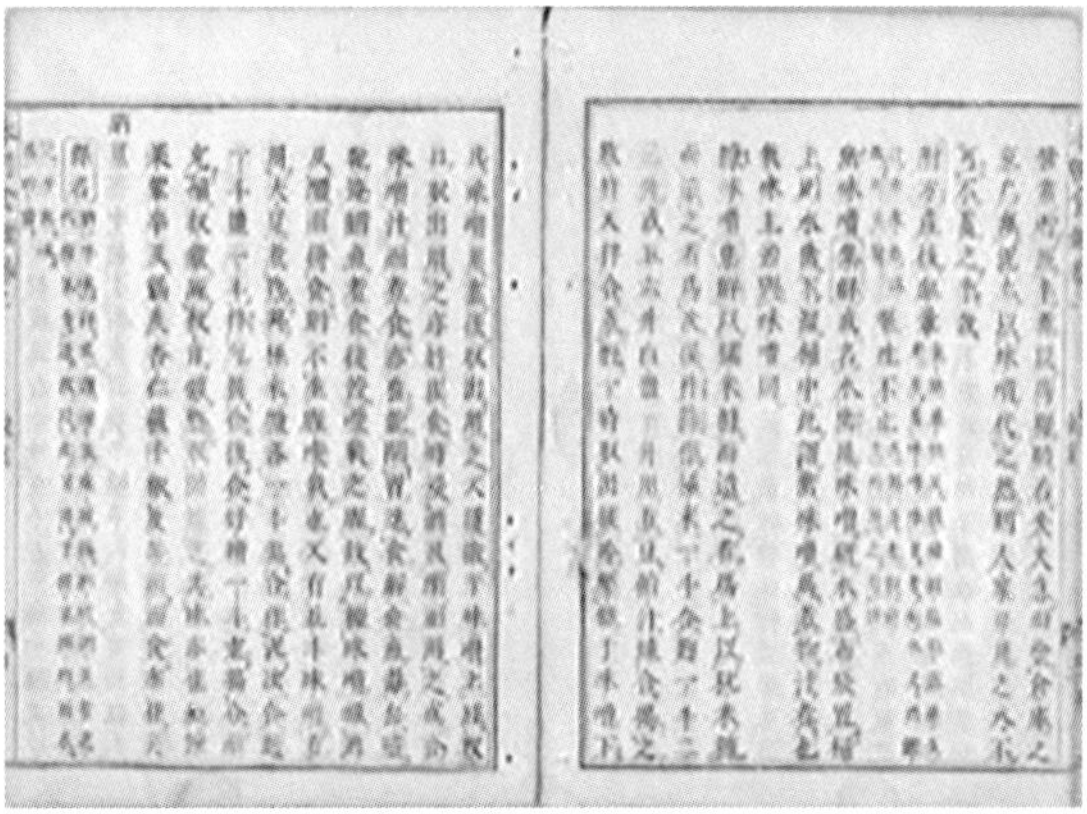
出典：人見必大『本朝食鑑』[1], 刊, 刊年不明. 国立国会図書館デジタルコレクション
https://dl.ndl.go.jp/pid/2557332 (参照 2023-12-01)

て、「納豆＝納所で造られた豆」説が、かなり有力な説として広まってしまった。先ほど田中さんがおっしゃっていた「後世の人たちによる切り取り（263ページ）」事案ですね。著者のことがなんだか気の毒になってしまいました。

彼も草葉の陰で嘆いている。福沢諭吉とともに……。

そう思うと、この『本朝食鑑』をデジタルアーカイブで見るだけでなく、できたら現物を手に取って「納豆」の記載箇所を確認したいと思ったんです。漢文は読めないけど、書き下し文で読んだ「釈名」の箇所も、ぜひ現物上で見たいです。

いいね。では、一緒に国立国会図書館に行ってみよう。

いざ、国立国会図書館へ。

第5章で
一番大事なことを言います。

通説は信憑性の薄いものも多いので、
鵜《う》呑《の》みにしないこと。
「といわれている構文」、「名言」にはご用心。

「求める資料」に出合えないことを
恐れない。

「巻でよくいわれている説とは違うもの」が
見つかるまで調べる。
自分が依って立つ資料は自分で決めよう。

「その道のプロ」に読まれても
恥ずかしくない文章を目指す。

探し求めていたくだりに出合えたときの感動は、
「一次資料」に当たる醍醐味。

誰かと話してこそ
見つかる新しい
視点もある。

文献に当たる
だけが「調べる」じゃ
ないんですね。

第6章

依頼する・会って話を聞く

誰かの話を聞くことも「調べる」のうち

想定外のシチュエーションは宝の山である

お疲れ様でした。国立国会図書館のデジタルアーカイブだけでなく、現地にも足を運んで古い史料に目を通した。それ以外にもいろいろ本を読んだ。ものすごい調査量に敬服や。君がこれから書く課題文の参考文献一覧は、さぞかし長くなるやろうね。

かなり「調べる」を突き詰めた感があるので、そろそろ次の段階に進むタイミングやね。偉大な業績を残してくれた昔の人だけでなく、今、「豆腐」そして「納豆」に関連する活動をしている方々の息遣いが伝わると、原稿がよりおもしろくなると思う。だから「調べる」プロセスはいったんおしまいにして、外に出よう。専門家の話を聞きに行こう。**「調べる」とは、自分一人で調べることだけを意味しない。専門家の知見に触れるのも「調べる」のうち**なんです。

取材ですね。僕も現時点ではけっこう調べ切った感じがしていて、そろそろ誰かの話を聞きたいな、と思ってました。

すでに君は、当社・ひろのぶと株式会社の仕事でインタビューは経験済みです。今回も人の話を聞くという点では同じだけど、ある分野の専門家に、その専門とするところで突っ込んだ質問をすることになるから、より念入りな準備が必要やで。

あと、先方への取材の申し込みから自分でやってもらいます。言葉遣いひとつで心証を害し、取材に応じてもらえなくなる可能性もあるから、よくよく考えて失礼のない文面を用意してください。

ライターは、そういうところも一人でやらなくてはいけないんですね。

クライアントがお膳立てしてくれることもあるけど、「仕事上の物事のお願いの仕方」は覚えておいて損はありません。

社会に出たことのない僕にとっては、ぜんぜんわからないことだらけです。

これから教えていくので、安心してください。僕は大学3年生のころ、課題のレポートを書くために、ふと思い立って取材に行ったことがあります。レポートのテーマは『古事記』『日本書紀』に登場する「ヒルコ」――イザナギノミコトとイザナミノミコトの間に生まれたんだけど、出来が悪いということで海に流されてしまった神様――の話でした。この神話には続きの伝承があって、海に流された後、ヒルコはえびす様になったっていうんだよね。そこが不思議でたまらなくて、えびす様をお祀《まつ》りしている全国の神社の総本社である西宮神社の禰宜《ねぎ》さんに話を聞きに行きました。

え、大学生が、アポをとって⁉

はい。電話してお願いして、会いに行きました。まず、なぜヒルコがえびす様になったのか。これについては、「海に流されたヒルコが、魚を持って陸地に帰ってきた結果、えびす様になったという伝承が生まれた」という回答を得た。まあ、シンプルっちゃシンプルだよね。ところがそこから、びっくりする方向に話が展開したの。

その禰宜さんが「実は私、もうひとつ、こうやないかとにらんでることがあるんです」と言って話してくれたのが、なんと、大阪で慕われている商売の神様「ビリケンさん」も、ヒルコが元になってるんじゃないかという説。ビリケンさんをデザインしたのはアメリカのフローレンス・プレッツというデザイナーさんなんだけど、その姿は白色人種よりも黄色人種に近いように見える。ひょっとしたら、日本の神話に伝わる異形の神をモチーフにしてビリケンさんを作ったんじゃないか。それに「ヒルコ」「ビリケン」ってちょっと発音も似てるでしょ——と。

おお……。まさか、そんな話が飛び出すなんて、思いもよりませんね。

その仮説の真相はともかく、こんなふうに、**どれだけ自分のほうに明確な質問があっても、その回答以上、もしくは範疇外の話が飛び出す。**それをきっかけとして、今、取り組んでいるテーマに新鮮な切り口が見つかったりすることもあるんです。

誰に話を聞きに行くか――取材先の選び方

田中さん、取材先は、どうやって選んだらいいでしょうか?

今までの調べを踏まえて、どの方向に進みたいかを決めることが大切やね。「豆腐」「納豆」といっても切り口は無数にある。となると問題は、君がどの方向で「豆腐」「納豆」を深掘りしたいか。

ええと、「豆腐」「納豆」が大好きで、日々、何か草の根的な普及活動をしているような個人や団体の話を聞いてみたいです。

団体に関しては、豆腐と納豆、それぞれに業界団体があるなら、両方に取材を申し込むとええんちゃうかな?

調べてみたら、ありますね。豆腐は、一般財団法人 全国豆腐連合会（全豆連）。193

9年に設立され、現在は「ニッポン豆腐屋サミット」などを開催しています。納豆は、全国納豆協同組合連合会（納豆連）。1954年の設立で、現在は「納豆鑑評会」などを開催しています。

なるほど、両方とも活動が盛んなようですな。この2団体に取材したら、たしかに、何かおもしろい話が聞けるかもしれない。

はい。あと、名古屋大学教授で人文地理学研究者の横山智《さとし》先生。こちらの先生は『納豆の起源』（NHK出版）という本の著者です。フィールドワークをして、各地の納豆を食べてこられている点も興味深いので、ぜひお話を聞いてみたいです。

業界団体だけでなく、学者の先生もいるといいんじゃないかと僕も思ってました。とはいえ、先方に受け入れていただかないことには進みません。そこで、まず取材の依頼文・企画書の作成をしてもらいますが、これについては、実は僕よりも適任の方がいるのです。本書の担当編集者であるSBクリエイティブ・小倉碧さん、どうぞ。

◆◆◆◆◆

突然失礼します。田中さん、直塚さん、お疲れ様です。日ごろ、著者の方に依頼書や企画書をお送りしている身として、心がけていることをお伝えします。

早速ですが、著者の方にお送りする依頼文や企画書は、それひとつで相手の方とのご縁がつながったり、切れたりするくらいの、とても重要なものです。不用意に書いた一言のせいで相手の方に「こいつ、ないな」と思われたら、もうそこでおしまい。実際にお会いする「前」の段階で失敗すると、人間関係の玄関口に立つことすらできない。私はいつも、そんな緊張感をもって依頼文や企画書を書いています。

はい。

はい。

今まで自分で調べたことを踏まえて、全豆連、納豆連、横山先生に、ぜひお話を伺いたい。この直塚さんの思いは純粋なものであるはずですが、相手の方にもまっすぐ伝わるかどうかは書き方ひとつで決まります。

正しく、かつ適度な敬語を使う。「させていただきます」の多用や、「拝読いたしました」「おっしゃられる」「お伺いする」などの二重敬語は教養に欠けるように見えるうえに、やりすぎるとかえって失礼と受け取られかねないので気をつけてください。

また、「ご」をつける単語にも要注意です。「ご挨拶」「ご連絡」など丁寧語としてつけて不自然でない場合もあるのですが、基本的に「ご」は敬語、「相手の動作」につけるもの。したがって「自分の動作」を示すときに「ご」をつけるのは不自然です。たとえば「(自分が)質問する」を敬語にする場合、「ご質問いたします」ではなく「質問いたします」が適切です。今回、心がけていただきたいポイントは次のとおりです。

①文意は明確に。1文をだらだらと長くしない。

②文書中の宛名や件名の配置、改行、1行空きの位置などは「見やすさ」を第一とする。

③「依頼文と、依頼文に添付する企画書」というように複数の文書を送る場合には、それぞれの文書をきちんと完結させる。つまり、「企画書に書きましたように」という風に横断的にしない。あれこれ参照しないで済むほうが親切。

勉強になります。わたくし……できてないわ。

では、今お話ししたことを念頭に、ちょっと大変だとは思いますが、取材の依頼文と本件の企画書、そして両者を添付するメールの文面を書いてみてください。

◆◆◆◆◆

直塚くん、小倉さんの短期集中「大人の書き言葉」講座、どうでした？

拙い文面を何度も添削していただいて、ものすごく勉強になりました。無事、今回依頼文を送った皆さんに取材をご快諾いただけたので、続いて質問リストも作ります。小倉さんの教えどおり基本を押さえれば、ちゃんと書けるんじゃないかと……。

そんな熱血指導を受けた成果が、こちらですね。完璧です。よっ、偉人！

横山 智 先生

はじめてご連絡をさせていただきます。

九州大学大学院の直塚大成と申します。
わたくしは、現在、ライターの田中泰延さんと共に、
書籍『「書く力」の教室』の制作を進めております。

このたびはお忙しい中、早速ご返信いただき、
また、取材の件、ご検討くださいまして、本当にありがとうございます。

先生のご著書『納豆の起源』(NHK出版)を拝読しました。
テーマ「納豆」の中でも、第二章の第二節「ヒマラヤ納豆の分布と名称」の、「東南アジアとヒマラヤ地域の納豆の呼び名」に関連したお話を伺いたいと考えております。

著者である横山先生に改めて説明するのも恐縮ですが、
貴書の第二章第二節に、東南アジア・ヒマラヤ地域の納豆(トゥアナオなど)を示す言葉は、
「腐った(発酵した)豆」や「臭い豆」としての意味を持つことが記されております。

1

わたくしは拝読するまで「納豆」が日本独自の食品と思っておりましたので、このラオスに端を発する現地調査の記録を興味深く思いました。

しかし拝読後、一点だけ疑問が生まれました。
なぜ他の東南アジア圏とは違い、日本だけ独特の「納豆」の語源を持っているのかという点です。
日本には「豆腐」という別の大豆加工食品があり、「納豆」の語源は通説として「納所豆」「壺《つぼ》に納めた豆」等がございます。

しかし、東南アジアの納豆が「腐った豆」「臭い豆」など、似通った語源を持つなか、日本だけ「納所で出来た」や「壺に納めた」とされていることが疑問です。

拝読後のわたくしの所感としましては、
タイ系諸族の納豆である「トゥアナオ」の「ナオ＝腐っている（発酵している）」と「納」の発音に類似性を感じました。
それに伴い、東南アジアから日本に伝来した納豆の発音を、日本人が音写したという仮説を考えております。

もちろん「ナオ」と発音するのはタイ系諸族の納豆など数が限られますので、説としては不十分かと思われますが、実際に現地調査の詳細な記録を残してくださった横山先生に、納

2

豆の名称について、ご意見を伺いたいと考えました次第です。
関連して、第一章最終節『日本の糸引き納豆の起源』などのお話も伺いたいと考えております。

最後になりますが、上記の記述におきまして、わたくしの認識が不足している点がありましたら誠に申し訳ございません。
今後、先生のご著書『納豆の食文化誌』（農山漁村文化協会）も拝読し、勉強いたします。

取材にあたりましては、事前に伺いたい質問をまとめますので、お目通しいただければ幸いです。
ご検討を賜りますよう、どうぞ、よろしくお願いいたします。

直塚大成

3

名古屋大学
横山 智 先生

2023年11月2日
直塚 大成

書籍企画書

書名

▶『「書く力」の教室』

企画主旨

プロのライターであり、ベストセラー『読みたいことを、書けばいい。』の著者である田中泰延氏が、新米ライターである私、直塚大成に、「プロのライターの心得とノウハウ」を伝授。田中氏から学んだことを活かして、私、直塚自身が調べ、取材で伺ったお話を元に「実際に原稿を書く」ところまでを一冊にまとめる書籍です。

4

著者

▶ 田中泰延／直塚大成

田中泰延（たなか・ひろのぶ）
ライター。1969年大阪生まれ。早稲田大学第二文学部卒。1993年株式会社 電通入社。24年間コピーライター・CMプランナーとして勤務。2016年退職、「青年失業家」を自称し、ライターとしての活動を開始。2019年、初の著書『読みたいことを、書けばいい。』（ダイヤモンド社）を刊行。2020年、出版社・ひろのぶと株式会社を創業。2021年、著作第二弾『会って、話すこと。』（ダイヤモンド社）を上梓。
X（旧・Twitter）：@hironobutnk

直塚大成（なおつか・たいせい）
長崎県長与町出身。九州大学大学院修士2年。2022年、ライター志望者に文章術を教える書籍『「書く力」の教室』（SBクリエイティブ）のオーディションに応募。総勢67名の応募者の中から合格者として選ばれる。
X（旧・Twitter）：@taisei_box0214

判型

▶ 単行本

5

刊行予定

▶ 2023 年 12 月

横山 智 先生へのご相談

本書内で、「豆腐と納豆」をテーマに、著者である直塚大成が調べたことと、豆腐・納豆の専門家の方々に取材で伺ったお話をもとに執筆する原稿がございまして、テーマ「納豆」について、文化地理学がご専門で、『納豆の起源』などのご著書がおありの横山 智 先生に取材をさせて頂き、原稿をまとめて参りたく存じます。つきましては、ご多用のところ恐れ入りますが、5 月中に 1 回（1 時間程度）取材をさせて頂きたく、ご検討を賜りますよう、お願い致します。

伺ったお話を元にまとめた原稿は、完成いたしました段階（6〜7 月を予定しております）で、ご確認頂きたく存じます。

・取材……5 月中でご相談させて頂けましたら幸いです。取材時に伺う質問は、事前にお送りいたします。なお、取材は Zoom などオンラインでの実施を想定しております。
・完成原稿のご確認……7〜8 月に完成を予定しております。完成次第、内容のご確認をご相談させて頂けましたら幸いです。

6

重ねまして、ご多用のところこまごまとお手数をお掛け致しますが、ご検討を賜りますよう、何卒宜しくお願い致します。

ご協力費

ご相談させて下さいませ。

構成案　※現時点の内容でございます。

第1章　何を書くか
第2章　準備する
第3章　取材する
第4章　書く
第5章　調べる
第6章　依頼する・会って話を聞く
第7章　構想を練る・書き上げる

以上でございます。
ご多用のなか大変恐れ入りますが、
ご検討を賜りますよう、お願い申し上げます。

7

リモート取材で使えるアイスブレーク術

いよいよ取材です。質問リストも完成して準備万端やね。ところで納豆連、名古屋大学の横山先生はリモート取材、全豆連は事務所に伺っての対面取材と、取材方法が分かれました。田所さんの取材の時はリモートやったけど、比べてみてどう？

そうですね……。リモートだと「その場の空気」を共有していないので、最初の雑談がしにくい気がします。「ご自宅ですか？」「はい」みたいな会話だけで終わって、あんまりアイスブレークにならなかったり……。田所さんの取材のときは、前に一度直にお話ししたことがあったので、あまり気まずくはなかったんですけど。

今回の納豆連と横山先生は初対面でリモートなので、会話が弾むかどうか不安です。最初に挨拶したあと、いきなり本題に入るのもどうかと思いますし……。

リモート取材って妙なものやね。画面越しで、相手の顔から胸くらいまでしか見えない。音声のタイムラグはコンマ何秒くらいのレベルだけど、やっぱり対面で話しているときのような瞬発的なやり取りは難しい。「その場の空気」を共有していることが、いかにコミュニケーションにおいて重要な要素であるかが、よくわかるよね。さらに、「自分の顔も視界に入れつつ話す」という有史以来初の不自然な事態が生じている。

鏡で自分の顔を見ながら人と話したこと、ないです……。

だけど、リモートが珍しくなくなったことで、遠方の人に取材を申し込むハードルが一気に下がったのも事実です。だから、そのやりづらさはアイデアと工夫で軽減していこう。君が挙げてくれた「リモートだとアイスブレークしづらい」問題だけど、考えようによっては、「リモートならではのアイスブレーク法」というのもあるよ。**「遠方にいる者同士が話している」ということ自体がアイスブレークのネタになります。**たとえば、ど定番のお天気ネタだって、こんな具合に一味違った感じにできる。

「こちら東京は快晴ですけど、名古屋は大雨という予報を見ました。もうかなり降ってるんですか？」

「こっちは大雪で、かなり積もってます」

ここから、次のような具合に話を広げることもできる。

「ちなみに東京って年1回くらいは雪が積もりますよね。一方、大阪で最後に10センチ以上雪が積もったのは、1990年なんですよ」

「えー、そうなんですか。大阪の人は雪慣れしてないんですね」

天気の話は鉄板。

そうやね。それから、さっき言った「**自分の顔も視界に入りつつ話す**」など、**リモートの不自然さそれ自体をネタにするのも一案**やで。「リモート取材は何度もしてきたんですけど、未《いま》だに自分の顔が映し出されていることに慣れないんですよね」とか、何か言えば、相手も何かしら返してくれるから、軽い会話を少し続けることができる。そこから「では恐れ入りますが、本題に入らせていただきますね」ってつなげばスムーズに取材に入れるよね。

最初にこのネタを言おうって決めておく。スベッたら焦りそうですけど……。

いや、スベッたらスベッたでいいのよ。滑るのがスキーや。**別に笑わせることが目的じゃないんだから、気にせずスッと取材に入ったらいい**んです。
今回は田所さんのときと違って、先方にも事前に質問リストを送ってあるんよね。何を聞きたいのかを明文化して共有するのは、双方のために、すごくいいことです。でも質問がしっかりしていると陥りがちなことがある。質問リストに夢中になって、コミュニケーションが一方的になることです。だから、次のように心がけよう。

① 長めの質問は一気に言い切ろうとしない。
② あまり堅苦しく考えないで、質問リストの「書き言葉」を「話し言葉」に置き換える意識で話す。
③ たびたび顔を上げて相手を見る。
④ 息継ぎの間をとるなど、相手が相槌《あいづち》を打ったりする余白を作る。

取材は、こちらが長くしゃべる場じゃないですもんね。

そうやね。そして最後にもうひとつ。実際にお会いできる場合は先方への手土産をお忘れなく。たぶん「菓子折り」って日本独自のものなんだけど、「今日は、ありがとうございます」という気持ちをノンバーバルで伝えることができる素晴らしい文化だと思うんですわ。あくまでも気持ちだから、高価なものでなくていいよ。そして領収証はSBクリエイティブさんへどうぞ。

「菓子折り」を手土産に……。学生の僕には未知の世界です。

ちなみに僕も取材には同席しますが、オブザーバーとしての参加です。直にお会いできる全豆連の取材ではカメラマンも務めます。取材は全面的に、執筆者の直塚くんが進めてください。そしてすべての取材が終わったら、いよいよ執筆に入ろう。

全豆連事務所にて、お話を伺う。

第6章で
一番大事なことを言います。

誰かに会って話を聞くことも「調べる」のうち。
調べたことを踏まえて、
「自分が進みたい方向」に合う取材先を選ぼう。

「誰かとの会話」から、
一人で資料に当たっていても得られない
「新鮮な切り口」が生まれる。

いきなり本題に入るより、
雑談から始めたほうが
「自分の話」をしてもらいやすくなる。

「天気の話」は、リモート取材で使える
鉄板のアイスブレーク術。
スベっても気にせず本題に入ろう。

聞き手は、コミュニケーションが
一方的にならないように注意。
相手が相槌を打てるよう「余白」を作ろう。

書き進める前に
「設計図」を
描こう。

「ただ、何となく」
じゃ
ダメなんだ。

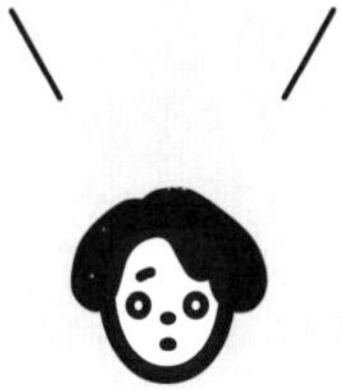

第7章

構成を練る・書き上げる

原稿の「設計図」を作る

文章には「滑走路」がいる

さあ、無事に取材が終わりました。直塚くんにはいよいよ原稿にとりかかってもらいます。

あの、田中さん、ご相談です。今まで僕は、いきなり書き始めて、筆が乗ってきたら、さらに書いて、書いて、書き切る、というスタイルだったんですけど、今度は計画的に進めようと思ったんです。そこで、まずは原稿の核になる部分だけを先にまとめる。

前フリは置いておいて、まず過不足のない文章を仕上げようと思ったのですが、それがうまくいかなくて……。ぜんぜん筆が進まなくなってしまいました。

その悩みはよくわかります。これは、今、原稿を書こうとしている自分が「調べるためにいろいろ動き回って、わかっちゃっている自分」であるために生まれる発想やな。

結論、出てますもんね。

そうやね。でも、そもそも文章とはそういうものじゃない。順を追って考え、順を追って書き記していくことが「自分自身の理解への道のり」であり、結果として「人の気持ちを動かす文章」になるんです。要するに**「調べてみたら、こういうことがわかりました」ってズバッと言うだけでは読者の共感を得ることはできない。「人に読ませる文章」にならへんねん。**過不足のない文章を書こうとすると、調べてわかったことだけをズバッと書きがちや。ズバッと書いたまではよかったが、その後が書けない。めっちゃ焦る。まさに君が直面している悩みにぶち当たる。なぜ進まないのか？　答えは明白で、**過不足のない文章を書いていていても自分が楽しくない**からなんや。

僕の考えでは、**文章には必ず「滑走路」が必要**なんです。

え、滑走路!?

うん。滑走路っていうのは、文章の「導入部」やね。楽屋話でも何でもいい。これがあったほうが、断然、書き進めやすい。自分に「導入部なしに書くこと」を課すのは、飛行機に「助走できる滑走路がないから垂直に浮き上がれ」って言っているようなもんやで。それは無理でしょ。だからぜんぜん筆が進まなくて、しんどいねん。

君がエッセイを書いていた最初のころ、いきなり書き始めて、書いているうちに筆が乗って、書いて、書いて、最後まで書き切れていたのは、楽しく書いていた自分の文章そのものが、筆を進めるエンジンになっていたからなんや。

えーっと、じゃあ今までどおり、いきなり書き始めていいんですか？

いやいや、そうじゃない。僕も原稿を書くときは、滑走路から書きます。いきなりプロペラをぶん回して垂直に浮き上がれるヘリコプターみたいなライターもいるんだろうけど、僕にはそれは難しい。何かについて書くというのは、いわば非日常を旅すること。たっぷり助走しないと日常から非日常に向けて飛び立てないんです。

だから、そのことについて書くことになった経緯を紹介したり、ボケをかましたりと、だらだらしたところから始めないと、書くことをおもしろがれない。だけど、決して無計画に書くんじゃなくて、滑走路を書いている時点で、もう着地点が見えてるんや。なぜかというと、最初に文章全体の「設計図」を書くから。

滑走路から書き始めて、自分で自分をドライブさせる。筆を乗せ、最後まで書き切る。このプロセスを迷うことなく進めていくためには、「設計図」が必要なんです。

なるほど……。

最初にかっちりしたコアな部分を書いてから滑走路を増設するのもナシではない。だけど、それにしても「設計図」は必要やねん。だから、いったん手を止めて、今回の原稿の「設計図」を書いてみよう。たとえば、こんな具合に。

①導入イントロ　何文字くらい

②疑問、課題の提示　何文字くらい
③まず自分で調べてみた　何文字くらい
④全豆連への取材　何文字くらい
⑤さらに疑問、調べたことの提示　何文字くらい
⑥納豆連に取材　何文字くらい
⑦さらに疑問、調べたことの提示　何文字くらい
⑧横山先生への取材　何文字くらい
⑨最後の疑問、調べたことへの提示　何文字くらい
⑩おわりに結論　何文字くらい
※全体で　何文字くらい

これはかなり初期の簡素なバージョンです。**ざっくり「どういう順番で、何を書くのか」を組み立てたら、見出しをつけよう。そのほうが自分も楽しくなるから。**

そうか。最初に過不足なく書いて、後から肉付けすることが「計画的な執筆」だと思っていましたが、まず「設計図」が必要なのか……。前に伺った「目次」（86ページ）と

「見出し」の話（191ページ）が、やっと理解できました。田所さんのインタビューに見出しをつけたときは、やっていた気がします。

そうです。君はちゃんとできていた。

読者と問題意識を共有する

さて、自分で自分をドライブさせ、かつ他者の共感を得られる原稿を書けるよう、「設計図」を書くときに意識してほしいことがふたつあります。

ひとつめは**「読者と問題意識を共有する」**こと。まず、**滑走路には大きく分けて「ボケ路線」と「シェア路線」がある。**そこから話していこう。たとえば、かつて僕が書いていた映画評は、最初にふざけ倒して、最後に、その映画の素晴らしさについて熱く語るという構成になっているものが多い。この「ふざけ倒す」というのが、「ボケ路線」の滑走路になってるんだよね。なぜかといったら、その映画の素晴らしさを真正面から熱く語るのが恥ずかしくて、照れ隠しをしたいからです。最初にボケのひとつやふたつかまさないと、恥ずかしすぎて最終パートが書けない。

ただし「ボケ路線」の滑走路は、うまく書かないと読者を置き去りにしてしまう。一種の奇襲攻撃だから、読者の心に命中しないと1行目で見限られてしまうでしょう。

あ〜……。僕は田中さんの影響もあって、その方法をとりがちです。でも奇襲攻撃がいつも成功するとは限らないから、今回は封印しようと思ってたんです。

いい心がけやね。ならば、もう一方の滑走路、「シェア路線」がきっと役立つでしょう。
「シェア路線」の滑走路とは「読者と問題意識を共有する」ということです。

調べて、書いた文章を読んでもらうっていうのは、「最初にこういう問いがありまして、調べてみたら、こんなことがわかりました。そこで私はこう考えました」という話に読者を付き合わせるということやわな。ならば、「最初にこういう問いがありまして」の部分で読者の共感を得ないと、その先は読んでもらえなくなってしまう。

まず、この「シェア路線」の滑走路を完璧に書けるようになることを目指したらいいと思う。最後の1行まで読者に付いてきてもらえるように、「風が吹いたら桶屋《おけや》が儲かる」までを順番に書く。そのために、滑走路のパートでは「まず、風が吹いたんですよね」という認識を読者と共有するわけです。軽い自己紹介を入れてもいいね。

設計図の最初は「自己紹介&問題意識の共有」パートにするといいんですね。

そうやね。そしてもうひとつ、設計図を書く際に意識してほしいのは最終パートをどうするか、つまり**「滑走路から飛び立った文章を、どう着地させるか」**です。「調べた結果、わかったこと」は、ただ「他者の業績を後追いしたもの」にすぎません。これを羅列しただけでは「自分の作品」にならないんや。

そこで重要になってくるのが、「調べた。こんなことがわかった。では、自分はどう考えるのか」。そしてこの部分は、書き始める時点で定まっていなくてはいけない。

「いいか、自分はこの着地点に向けて書いていくんだ」と、決心する。

そう。前に「サビを考えてから書き始めよう」っていう話をしました（204ページ）。「設計図」の最終パートはサビです。最後に「どう謳い上げるか」を決めることやね。調べてきた道のり、あるいは調べた後の自分に、何かキラリとするものが残っていたら、それが「感動のへそ」であり、**最後に謳い上げるべきところ。それが一体何かを考えながら「設計図」を仕上げたら、あとはスムーズに執筆が進む**はずです。

今まで教わってきたことが、ひとつにつながってきました。

いいね。ちなみに「設計図」の最終パートは、一番盛り上がるところです。そこまで読者を引っ張っていくためには、序盤も中盤もおもしろく書かないといけないんだけど、**「自分自身の思考や感情」を前面に出していいのは終盤なんです。そこで高らかに「感動のへそ」由来のサビを謳い上げるために、序盤、中盤は淡々と書く。**

今までの過程のどこかに、きっと君自身の「感動のへそ」があるはずやねん。

どんなテーマを与えられても、それを見つけられることがプロ。そして、どこかで思いを定め、そこに向かっていくパートがあることで、その原稿は、真に自分の作品になるんです。**最後に「その人らしさ」が見えると、読み手は心を動かされる**んや。だから、「どう謳い上げるか」まで定めて、「設計図」を完成させよう。

「揶揄」「中傷」「否定」と「意見」は違う

田中さん、もうひとつ、伺いたいことがあるんです。

たとえば、ある通説を紹介するとして、僕はその説に懐疑的だとする。でも、その説を信じている人が世の中にはたくさんいる。そこで僕が「これは疑わしい」と書く場合、どういう書き方をしたら「ナメていると読み手に受け取られない」ですか？

なるほど。あることについてさんざん調べて、それについては巷の人たちよりも深い知見をもっている状態になったからこそ、出てくる悩みやんな。それに対する答えは、**「揶揄」「中傷」「否定」と「意見」は違う**、これに尽きるんだよね。

今回は、全豆連、納豆連、横山先生に取材させていただいたよね。となると当然、この皆さんに後日完成原稿をお送りして、内容を確認していただくことになる。では、皆さんが原稿をご覧になっているところを想像してみると、どうか。「しまった、あの部分は心証を害するな」と思うところがあったらダメやわな。「しまった」と思うのは、お話を伺った方々のうち誰かをバカにしているか、否定しているからでしょう。一方、自分の「意見」として書いたことなら、「あの部分は、伺ったことに反する意見を述べているかな」と気にはなっても、「しまった」とは思わへんはずや。

たしかに……。

だからといって「ふざけちゃいけない」ということではないよ。僕が書いたものだって、9割9分は、ふざけてるでしょ。ふざけ方にもコツがある。そのコツを押さえて、「ナメてないけど、おもしろがっている」という見え方にするのも、ライターの心得やね。コツは、**「バカにしていいのは、自分だけ」**。これさえ忘れなければ、無意識に人を「ナメること」も「ナメているように見えること」も、避けられます。

　そして、こういうさじ加減の利いた「ふざけ」を原稿に実装するためにも、やっぱり「設計図」が必要なんや。**「設計図」を家の骨格、「ふざけ」を外壁とすれば、骨格がなければ外壁は作れない。「設計図」がなければふざけることもできない**んや。

学んだことすべてを投じて、書いてみた

「とにかく、素直に」を第一の信条とする

田中さん、「設計図」ができました。どうでしょう？

うーん、これは……。はっきり言うと、すべての見出しが奇襲攻撃みたいになってしまっているね。

①はじめに　約500文字

②食卓、不動の下位打線。豆腐と納豆　約1000文字
③Every 大豆 has a beautiful name　約750文字
④豆腐の腐は「ぱふぱふ」のふ　約1000文字
⑤納所豆46　約750文字
⑥豆腐を踏んで巨人の肩へ　約1500文字
⑦藁苞《わらづと》の船で海の向こうへ　約1000文字
⑧滋味なひと　約1000文字
⑨肥沃《ひよく》、やさしく、かぐわしく　約1000文字
⑩おわりに 〜Tomorrow ネバー knows〜　約500文字

見出しはキャッチコピーだから、短くて、わかりやすいのがいい。

君がつけた見出しを見ると、「短い」という点はクリアしている。でも、「わかりやすさ」が圧倒的に足りない。言葉のチョイスはおもしろいんだけど、人を選ぶね。ひょっとしたら、これらの奇抜な言葉が本文の中でバシバシ回収されて、最終的におもしろい文章が仕上がる可能性もある。でも、それを実現するには、かなりの技量が必要です。このままだと、多くの読者を置き去りにしてしまうんじゃないかな。

がーん。ここから、どうすればいいでしょうか……？

見出しの基礎を押さえよう。「世の中の人が気にしていること」「言われてみれば思い当たること」「このパートに書かれていること」を書くといいんや。

たとえば、読者と問題意識を共有するパートの見出しなら、次のようにする。

「豆腐と納豆の名前の由来って何でしょう？」

また、どこかに取材に行ったパートの見出しなら、こんな風にする。

「○○○（所属先）の△△△さんに話を聞きに行きました」

すると読者は、「言われてみれば、たしかにそうだ」と好奇心を刺激され、「この先、どんな展開になるのか」を確認しながら読むことができるでしょ。

奇を衒って読者を置き去りにするくらいなら、ベタな言葉を並べたほうが100倍いいよ。だから、そんなに言葉にこだわりすぎずに、もっと「素直」に言葉を並べてみたらええねん。

素直さ、ですか……。今回、難しいなぁと思いながら「設計図」を作りました。「豆腐と納豆」なんて、そんな話、誰が読みたいんだ？　という疑問がずっと頭の中にあって、それが邪魔して……。

やはり。この「設計図」の根本的な問題がわかりました。君の中で、まだ「感動のへそ」が定まってないんや。だって「誰が読みたいねん、そんな話」と思ってるってことは、自分自身が心動かされたポイントを見出《みいだ》せてないってことじゃない？

そ、そうかもしれません……。

設計図上、最後の2パートは、一応、サビを謳い上げているようには見えるけど、どうなんだろう。これが本当に君の「感動のへそ」なんだろうか。

⑨肥沃、やさしく、かぐわしく　約1000文字

ただ、やっぱりこの設計図は、どうも「言葉をこねくりまわして、何とかおもしろく見せようとしてる」ように見える。でもね、**「感動のへそ」が定まっていないという問題は、必ず後から自分を苦しめることになる。**このまま書き始めても、たぶん自分自身が楽しみながら、おもしろいものを書き上げるのは難しいでしょう。

キャッチーな見出しは後回し。自分の心の奥底を覗《のぞ》き込んで、「感動のへそ」を定めよう。そうすれば、自ずと見出しも文章も素直になるはずです。

うう、設計図でこういう見出しをつけたのは、何かひねったことを書かないと、誰も読んでくれないんじゃないかっていう怖さもありました。

直塚くん、それは大きな勘違いやで。**読者が読むのをやめてしまうのは、むしろ「ひねったことを言ってやろう」というライターの魂胆が見えたときや。**

うーん、いろんな文献に当たって、感動したところはたくさんあります。でも、それだけだと、どこまでいっても「他者の業績の後追い」ですよね。前に教わりましたが、調べた成果を羅列しても、自分の作品にはならない。

となると何を「感動のへそ」としたらいいのか。僕が最終的に謳い上げたいサビは何なのか。そもそも「豆腐と納豆なんてテーマ、一体誰が興味をもつんだろう」って思いながら、しかも自分自身が「興味ない」と「調べてみたらおもしろかった」の間で揺れ動いている状態で見つける「感動のへそ」なんて、嘘っぽくないですか……？

うーん、直塚くん。率直に言って、今の最後の言葉はプロのライターにあるまじきものやで。君は「豆腐」と「納豆」をテーマに書くことを「仕事」として引き受けたよね。そうであるからには、後から「そもそもテーマがおもしろくないから、おもしろく書けない」なんて、ふてくされてはいけない。

引き受けた以上、読者との問題意識の共有から「そのテーマに取り組んだことが最終的に自分をどんな境地に至らせたのか」を謳い上げるまでを完遂せなあかん。

それがプロの世界なのか……。すみませんでした。

いろんな迷いや邪心を取り払い、素直に自分自身と向き合えたときに、きっと素直な「感動のへそ」が見つかるよ。

そうしたら、滑走路から着地点までを記した簡素な「設計図」を作る。さらに、それぞれのパートに仮の見出しをつけてから、いよいよ書き始めよう。

人の頭で考えて、書いてはいけない

ところで、SBクリエイティブ様からいただいた依頼書には、「この原稿を読んだ方が豆腐と納豆を食べたくなるような内容に」とありました。これから探求していく「感動のへそ」は、その要望に応えることにもつながっていないといけませんよね？

だとすると、はたして記事を読んだ人たちは、僕自身にとっての「感動のへそ」によって豆腐と納豆を食べたくなるんだろうか、という点も気になっています。それに、自分が「おもしろい」と思っても、世の中の人はそう思わないんじゃないかと思うと、「これでいいんだろうか……」と不安になって、書き進められなくなるんです。

語弊があるかもしれないけど、そこはあんまり気にしなくてもええねん。

えっ、気にしなくていいんですか⁉

もちろん、クライアントの要望を無視していいということではない。ただ、すでに君はクライアントの存在を意識できている。それで実は十分。あとはただただ素直に原稿を書いていけばいいんです。

今まで僕が、たびたび「すべての仕事には『クライアント』がいる」（213ページ）「『怒る人』が必ずいることを忘れない」（111ページ）などと伝えてきたせいか、君は、他者の存在を必要以上に意識してしまったのかもしれんね。

「自分はおもしろいと思って書いてるけど、クライアントはどう考えるだろうか」

こんなふうに「人の頭」で考えようとしても仕方ないで。自分は自分でしかない。だから、他者を気にしても何にもならん。だから、その必要はないんやで。

でも、他者を気にせずに好きに書いた結果、クライアントの要望に応えないものができたら、ガッカリされませんか？

心配ご無用。君は、与えられたテーマに懸命に取り組みました。めっちゃ調べたし、人の話を聞いた。すべては記せないから、君にとって最も印象的だったところを抽出したり、伺ったお話のエッセンスを凝縮したりすることになるでしょう。

そんな**「人の熱意のこもったもの」に触れたとき、人の心は動く**んです。「この原稿を読んだ方が豆腐と納豆を食べたくなるような内容に」なんて意識せずとも、記事を通して、君が出会った人たちの「本気」に触れた読者は、豆腐を食べたくなるよ。納豆を食べたくなるよ。

直接的な言葉によって人に影響を与えようと試みる文章ほど、浅ましいものはありません。作為的で、安っぽくて、嘘っぽい。もし今回の原稿に「豆腐と納豆って本当においしいですよね。では」なんて書いてあったら、僕は悲しい。クライアントも、きっと期待外れと思うんちゃうかな。薄っぺらい言葉だけでは食べたくならへん。

そんなことではなく、読者が「なんか、いいもの読んだな」という読後感の中で、ふと「そうだ、今日は豆腐を食べよう」「納豆を食べよう」と思う。**本当にいい文章とは、こんなふうに、読者の気持ちにさりげなく影響する文章**じゃないかと思うんです。

そう考えると、もはや最初に与えられた「豆腐と納豆」という命題すら、「どうでもいい」んや。お題は、その話が転がっていくためのきっかけにすぎないんだから。

転がっていった先に、何があるか。それが一番大事ということですか？

そう。ちょっと言い直すと、**転がっていった先に、「君が何を見出すのか」、それが一番大事**なのよ。そもそも、なぜクライアントが特定のライターに依頼するかといったら、ひとえに、与えられた命題を、そのライターがどう展開させていくのかを見たいからなんです。だから、その人がおもしろく転がしてくれそうなテーマを設定して、「ぜひ書いてください」って言うわけ。

今回の「豆腐と納豆」にしても、このテーマをきっかけとして、君がどう歩み、何を見つけ、感動したのか。それをどう文章にしていくか。そこを楽しみにしているんです。

いろいろ学んだ今、君はかつてのような「勢いだけで書き切る」だけのライターではないよ。「骨太な調査をして、書く能力」も兼ね備えたライターになろうとしてるんや。今の段階で僕に言えることは、ただひとつ。自信をもって素直に書いてください。

今のお話でちょっと肩の力が抜けたかもしれません。ありがとうございます。ではこれから、「豆腐と納豆」の課題文に取り掛かります。

「素直に書くこと」と「正直に書くこと」は違う

田中さん、滑走路の最初の部分を書いてみました。このまま進めてもいいですか？

豆腐と納豆の名前って逆じゃない？

1　はじめまして、ライターの直塚です（500文字程度）

はじめまして。直塚大成と申します。23歳。福岡県在住の大学院生です。このたびプロライター・田中泰延さんとの共著『「書く力」の教室』の選考に応募し、たった一人の共著者に選んでいただきました。大変光栄に思います。ここまでの座学と実践の場を作ってくださった田中さんと、SBクリエイティブ株式会社の皆さま、本当にありがとうございました。

この文章は『「書く力」の教室』の最後の課題です。

約1年にわたる田中さんの文章指導を受け、生徒である僕が、最後にひとつのテーマで文章を書くことになっています。「書くことになっています」という言い方をしたのは、このことが最初の企画段階から決まっていたからです。とにかく、僕はやるしかありません。

2　最後の課題は「豆腐と納豆」でした（500文字程度）

最後の課題のテーマに選ばれたのは「豆腐と納豆」でした。

このアイデアが出てきた日のことは、昨日のことのように覚えています。どんなテーマがこの本の最終課題に相応《ふさわ》しいのか、田中さん、小倉さん、福島さん、僕の4人で数週間にわたって話をしていました。小難しいものから流行《はや》りものまで、アイデアは出たのになかなか決まらない。そして全員が沈黙しているとき、田中さんがふと呟きました。

「ずっと疑問に思っていることがあるんだけど」

その言葉に、3人が食いつきました。

「聞かせてください」

田中さんは言いました。

「納豆と豆腐の漢字って、逆だと思わない?」

その後、何がどうなってこのテーマに決定したのか。肝心なことを覚えていません。少なくとも、全員が手を叩いて「それだ!」という瞬間は一度もありませんでした。ちなみに最後まで迷っていたもうひとつの案は、「カンボジアの農業系ベンチャー企業に取材する」というものです。どうしてそちらを選ばなかったのか本当に謎です。たぶん、理由はなかったのでしょう。

そして後日、SBクリエイティブ株式会社から僕のもとに、「『豆腐』と『納豆』について書いてください」という正式なテーマと依頼文書が届きました。そして、ついに最終課題は始まってしまいました。こんな決め方でいいのだろうか？　と、とても不安に思いつつ調べ始めたことを覚えています。

3　まずは自分で調べてみました（1000文字程度）

調査期間は約半年になりました。豆腐と納豆について、もう人生でこれ以上調べることはないと断言できます。それぐらい調べました。時間もかかりました。しかし、この文章では、僕がウェブや書籍を使って俗説を調べたり、その後、原典を探すために国立国会図書館を訪れたり、人に取材したり、そういう七転八倒した過程を書くことはしません。なぜなら、答えは明白だからです。

納豆と豆腐の名前は、逆ではありません。

断言します。そのままが正解です。テーマをもらって3日で判明しました。これは豆腐や納豆の業界によく寄せられる質問のようで、「見た目を考えると気持ちはわかるけれど、実際は違います」とのことでした。皆さんの中には、はじめから薄々そう思っていた人もいることでしょう。僕もそうでした。「やっぱりそうだよな」と思いながら報告すると、田中さんも「やっぱりそうだよね」と笑いました。あんたも思ってたんかい。おしまい。

こうして、終わってしまいました。

そこで僕は考えました。不完全燃焼な感じがしたのです。そりゃ3日しか調べてないからだろう。いいえ、そうではありません。もちろん学んだ成果をもっと発揮したいという気持ちがあったことは認めます。しかし、それでなくともモヤモヤしていました。あの日、テーマ決めでちょっと盛り上がった僕たちは、本当に「名前が逆なのかどうか」という問いが気になっていたのでしょうか。そんな問いにおもしろさを感じたのでしょうか。

きっとそうではありません。僕たちはもっと別の答えが知りたかったはずです。逆じゃないことはわかっていました。しかし、逆じゃなければ説明がつかないと思う疑問がありました。そう、これは仮説です。すべての仮説はちょっとした違和感を結びつけるときに生まれます。これを僕たちがおもしろいと思ったということは、4人全員が、答えのわからない共通の違和感を抱えていたということです。たとえば、こういう違和感を。

そういえば豆腐って、どうして「腐」なんだろう。
そういえば納豆って、どうして「納」なんだろう。

すごくボーっとしたときに、考えたことがあるような、ないような、そんな些細な問いです。きっとこのふたつの問いが組み合わさり、最初の仮説を作ったのでしょう。だからこそ最初の仮説に答えを出した今も、この答えをわかっていないことにモヤモヤしているのです。これでは到底書き切ったとは言えません。何より、モヤモヤしたままだと僕も嫌です。

しかし、ついにわからずじまいでした。

調査期間が延びた理由はここにあります。納豆と豆腐の名前の由来そのものを、半年かけても特定することができなかったのです。そこでここからは、僕がウェブや書籍を使って俗説を調べたり、その後、原典を探すために国立国会図書館を訪れたり、人に取材したり、いろいろと七転八倒した過程を書きます。もう少しだけ、お付き合いいただければ幸いです。

うーん、要改善やな。1の自己紹介から始まり、2で最初の仮題を紹介する。少し調べてみたところ、その仮題の答えが一瞬で出てしまったことから、3で次の仮題を設定している。問題意識を共有する助走パートが2段階になってるわけだよね。
一速、二速と段階的にギアを上げて読者を本篇へと誘《いざな》う構成は、いいと思います。でも、もっと素直に書けるはず。今の原稿は、構成はいいのに文章は斜に構えた印象を抱く。読者が君と一緒に謎を解きに行ける感じが一直線に表現できてないね。

特に2のパートがよくない。3のパートは大上段に構えすぎていてわかりづらいんだけど、それは、2がよくないせいやね。裏を返せば、2をもっと素直に書けたら、3も、素直に書けるんじゃないかな。だから、ここでは2について考えていこう。

2　最後の課題は「豆腐と納豆」でした（500文字程度）

最後の課題のテーマに選ばれたのは「豆腐と納豆」でした。

このアイデアが出てきた日を、僕は昨日のことのように覚えています。どんなテーマがこの本の最終課題に相応しいのか、田中さん、小倉さん、福島さん、僕の4人で数週間にわたって話をしていました。小難しいものから流行りものまで、アイデアは出たのになかなか決まらない。そして全員が沈黙しているとき、田中さんがふと呟きました。

「ずっと疑問に思っていることがあるんだけど」

その言葉に、3人が食いつきました。

「聞かせてください」

田中さんは言いました。

「納豆と豆腐の漢字って、逆だと思わない？」

その後、何がどうなってこのテーマに決定したのか。肝心なことを覚えていません。少なくとも、全員が手を叩いて「それだ！」という瞬間は一度もありませんでした。ちなみに最後まで迷っていたもうひとつの案は「カンボジアの農業系ベンチャー企業に取材する」というものです。どうしてそちらを選ばなかったのか本当に謎です。たぶん、理由はなかったのでしょう。

そして後日、ＳＢクリエイティブ株式会社から僕のもとに「『豆腐』と『納豆』について書いてください」という正式なテーマと依頼文書が届きました。そして、ついに最終課題は始まってしまいました。こんな決め方でいいのだろうか？　と、とても不安に思いつつ調べ始めたことを覚えています。

2のパートでは「なぜ、今、自分はテーマ『豆腐と納豆』で、中でも特に『豆腐と納豆の名称の由来』に焦点を当てて書き進めようとしているのか」をストレートに表現しないと、読者と問題意識を共有したことにならないよ。

もしかして、斜に構えているように見えますか？

見えるね。**問題意識の共有とは、「言われてみれば思い当たること」を代弁すること**です。ここではやっぱり、次のように素直に書くべきだったよね。

①「納豆と豆腐って名前が逆じゃないですか？」

②「素朴な疑問として、発酵してるほうを『豆腐』で、四角いとこに納まってるほうを『納豆』としたほうが意味が通じませんか?」

これくらいストレートにボールを投げないと、読んでる人にキャッチしてもらえない。**滑走路の「シェア路線」はベタでなんぼ**やで。

「納豆と豆腐の名前は逆ではないか」という、みんな一度は思ったことがあるであろう仮題に、「真正面から取り組もうと思いました」と語ることから逃げてる感じがする。

なぜ、自分はここに焦点を当てて書き進めようとしているのか。「豆腐と納豆って名前が逆じゃない?」という共通認識があるからやろ。「この記事の出発点はそこですよ。

ここから出発しますよ」って明示しないことには、次に進まれへんやないか。

それは……。田中さんは「テーマそのものには意味はない。問題は、君がそれをどう展開していくのかであり、それを読みたいんだ」っておっしゃってましたよね。そこで、最初の仮題との僕なりの向き合い方を正直に書いたら、こうなったんです。

ズバリ言うけど、君は「豆腐と納豆って名前が逆じゃない?」って思ったことがないね

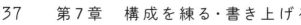

ん。だから「名前、逆じゃない？」というところはサクッと過ぎて、「調べてみたら逆ではありませんでした」という結論だけを述べる。そして、おもむろに自分がぶち上げた新たな仮題を提示してる――というのが今の原稿やねん。

あー……。はい。

僕が「ん？」と思った理由が、そこにあるんです。「豆腐と納豆の名前は逆じゃないか」説が、「外から与えられた仮題」として表現されてる。「こんな愚かなこと、俺は思ったことないけどね」っていう姿勢が何となく透けて見えてるねん。

　でも、依頼を受けて、調べて書くっていうのは、そういうことじゃない。**どんなことでも、「自分事」として世の中と共有する。「俺もそう思ったし、みんなもそう思ってるでしょ」を前提にしないと、そこから先、どこにも旅に行けない**んです。

　そこがいい加減になってるから、３のパートで改めて設定した仮題も、ぜんぜん響いてこないんや。自分自身が共感してない「豆腐と納豆は名前が逆じゃない？」を早々に引っ込めて、代わりに何か「立派な問いを立てたった」的なドヤ感が漂ってるんや。

3 まずは自分で調べてみました（1000文字程度）

調査期間は約半年になりました。豆腐と納豆について、もう人生でこれ以上調べることはないと断言できます。それぐらい調べました。時間もかかりました。しかし、この文章では、僕がウェブや書籍を使って俗説を調べたり、その後、原典を探すために国立国会図書館を訪れたり、人に取材したり、そういう七転八倒した過程を書くことはしません。なぜなら、答えは明白だからです。

納豆と豆腐の名前は、逆ではありません。

断言します。そのままが正解です。テーマをもらって3日で判明しました。これは豆腐や納豆の業界によく寄せられる質問のようで、「見た目を考えると気持ちはわかるけれど、実際は違います」とのことでした。皆さんの中には、はじめから薄々そう思っていた人もいることでしょう。僕もそうでした。「やっぱりそうだよな」と思いながら報告すると、田中さんも「やっぱりそうだよね」と笑いました。あんたも思ってたんかい。おしまい。

こうして、終わってしまいました。

そこで僕は考えました。不完全燃焼な感じがしたのです。そりゃ3日しか調べてないからだろう。いいえ、そうではありません。もちろん学んだ成果をもっと発揮したいという気持ちがあったことは認めます。しかし、それでなくともモヤモヤしていました。あの日、テーマ決めでちょっと盛り上がった僕たちは、本当に「名前が逆なのかどうか」という問いが気になっていたのでしょうか。そんな問いにおもしろさを感じたのでしょうか。

きっとそうではありません。僕たちはもっと別の答えが知りたかったはずです。逆じゃないことはわかっていました。しかし、逆じゃなければ説明がつかないと思う疑問がありました。そう、これは仮説です。すべての仮説はちょっとした違和感を結びつけるときに生まれます。これを僕たちがおもしろいと思ったということは、4人全員が、答えのわからない共通の違和感を抱えていたということです。たとえば、こういう違和感を。

そういえば豆腐って、どうして「腐」なんだろう。
そういえば納豆って、どうして「納」なんだろう。

すごくボーっとしたときに、考えたことがあるような、ないようなな、そんな些細な問いです。きっとこのふたつの問いが組み合わさり、最初の仮説を作ったのでしょう。だからこそ最初の仮説に答えを出した今も、この答えがわかっていないことにモヤモヤしているのです。これでは到底書き切ったとは言えません。何より、モヤモヤしたままだと僕も嫌です。

しかし、ついにわからずじまいでした。

調査期間が延びた理由はここにあります。納豆と豆腐の名前の由来そのものを、半年かけても特定することができなかったのです。そこでここからは、僕がウェブや書籍を使って俗説を調べたり、その後、原典を探すために国立国会図書館を訪れたり、人に取材したり、いろいろと七転八倒した過程を書きます。もう少しだけ、お付き合いいただければ幸いです。

うーん、おっしゃるとおり、「豆腐と納豆は名前が逆じゃないか」って思ったこと、一度もないです。世の中の人がそう思ったことがあるかどうかもピンときません。なのに「僕もそう思ったことがあるし、皆さんもそうですよね」って書くのは嘘じゃないかって。ただ、「どうして豆腐は豆腐と言うんだろう?」「どうして納豆は納豆と言うんだろう?」っていう「物の名前」そのものに対する疑問なら思い当たるし、他の人もそうだろうと思ったことから、3のパートに書いたような流れが生まれました。

それはよくわかる。君は、この仮題との自分なりの向き合い方を「正直に書いた」わけだ。でも、**「素直に書くこと」と「正直に書くこと」は違う**よ。
「正直さ」というのは、どちらかといえば自分に意識が向いている。読んでいる人にどんな印象を与えるかよりも、「自分に嘘がないこと」のほうに重きが置かれているといったらいいかな。**「バカ正直」**ともいえる。一方、「素直さ」というのは、どちらかといえば社会に意識が向いている。これは、最終的に謳い上げるところを読者に響かせたいから、序盤でまず素直に読者に問いかけ、同じ前提を共有して一緒に旅に出ようとする意識です。たとえば君がアナウンサーになったとして、2月初め、あるラジオ番組の冒頭で、こんな風にナレーションを入れるとする。

「節分の日といえば、豆まきですよね。でも、それ以外にも節分の日の風習があるんです。さて何でしょう？」

ここではやっぱり、最初の部分を共有しないことには、次に行けない。

「節分といえば、豆まきですよね」

これが素直に問題意識を共有するということです。ところが、生まれてこの方、節分に豆なんかまいたことのないアナウンサーの直塚氏は、正直に「俺は生まれてこの方、節分の日に豆なんかまいたことないから」と言って、そのナレーションをすることを拒否する。今の原稿で起こっているのは、こういうことなの。

がーん。「素直」と「正直」は違うなんて……。難しいです。

たとえば僕が「経営って、難しい」と書くのはいいけど、「今日、融資を断ってきた銀行のあいつ、ムカつく」と書いたらアウトでしょ。**前者は社会に向けて書いているけど、同じ出来事を自分に嘘のないように表現したら後者になる。**今回の課題については、君にはまだ素直になれる余地がある。今度こそ「素直に」書いてみよう。

たしかに「豆腐と納豆って名前が逆じゃない?」とは思わなかったけど、「調べる」ということを大事にしてみたら、いろんな発見があり、感動するところもたくさんありました。そこで考えたことを最後に謳い上げたい。でも、ちょっと恥ずかしい。だから、低空飛行気味に書き始めてから、最後に謳い上げるつもりだったんですけど、それじゃダメなんでしょうか?

君の中では、やっぱり、まだ素直よりも正直が勝ってるんやな。もちろん、文章の一技法としては、「低いところから始めて、上げていき、頂点に達する」というのもある。だけど、相当うまくやらないと、低空飛行している間に読者は離れるよ。

これは「守・破・離」の世界や。今回の記事を最後まで読んでもらいたいなら、今は**「素直に読者と問題意識を共有する。それに続けて素直に書いていく」という正攻法を体得しよう。**後からユーモアを足したりすることはできるけど、それも素直さの土台あってのことやから。

まず、そこなんですね。もっと素直になります。

そろそろ講義はおしまい

田中さん、ついにできました……！　今度こそ、どうでしょう？

拝読しました。大変よいと思います。よくがんばった！　これなら誰のことも置き去りにせず、共感と好奇心をもって最後まで読んでもらえるでしょう。

何より全篇にわたり素直である。そして丁寧に、言葉を尽くして自分の思いを語っている。そして、ちゃんと謳い上げている。まさしく今まで学んできた成果が、存分に表れている一作だと思います。誠実に課題に取り組んできた君の姿が、この原稿のそこかしこに感じられるね。

豆腐と納豆の名前って逆じゃない？

1　はじめまして、ライターの直塚です

はじめまして。直塚大成と申します。23歳、福岡県在住の大学院生です。このたびプロのライターになるための選考へ応募し、本書『「書く力」の教室』の共著者に選んでいただきました。ここまでの座学と実践の場を作ってくださった田中さんと、SBクリエイティブ株式会社のみなさまに心から感謝申し上げます。

この文章は『「書く力」の教室』の最終課題です。ライターが書く前にすべきことは、与えられたテーマを素直に受け取り、自分なりの視点で眺め、敬意を持って調べ上げる。それがここまでの講義で学んだことです。いま、僕はプロのライターのスタートラインに立つために、それを再現できるのか問われているのだと思います。

2 最終課題のテーマは「豆腐と納豆」です

最終課題のテーマは「豆腐と納豆」になりました。これは、この企画のはじまりとなった面接や、その後の一連の講義で豆腐と納豆の話がたびたび出ていたことを受けての、SBクリエイティブ株式会社の小倉さんからのご提案です。なかでも盛り上がったのは「豆腐と納豆の名前が逆ではないか」という疑問でした。豆腐は「腐った豆」と書きます。納豆は「納めた豆」と書きます。しかし実物をならべてみると、四角い容器に収納された豆腐を「納豆」と呼び、においと粘りがある納豆を「豆腐」と呼ぶほうがふさわしい気がします。そこで、まずは「名前が逆ではないか」ということについて調べることにしました。

3 まずは自分で調べてみました

調査期間は半年でした。今までで一番、豆腐と納豆について調べました。しかし、ここからは「豆腐と納豆の名前って逆じゃない？」という仮説に沿って調べたり、図書館を訪れたり、取材したり、七転八倒した過程を書くことはしません。なぜならその答えは一言で表せるからです。

豆腐と納豆の名前は、逆ではありません。

多くの人がこの疑問について「中国から豆腐と納豆が伝来した際に、手違いで名前が入れ替わってしまったのでは？」という仮説を立てていました。僕自身も最初はそう考えていました。しかし、彼らは全員、最後は「納豆と豆腐の名前は逆ではない」という結論に達していました。なぜなら、調べればすぐに「中国でも豆腐を『豆腐』、納豆を『納豆』と呼ぶ」ことが判明するからです。名前が逆になっているのではないことは、議論の余地がありません。そうなると、次には「なぜ豆腐に『腐』が使われ、納豆に『納』が使われたのか」という疑問が浮かびあがってきます。

そこで「豆腐と納豆の名前の由来は何だろう？」という新しいテーマを自分なりに設定し、調査しました。しかし、結局、その答えを見つけることはできませんでした。そこで、ここからは「なぜ豆腐という名前になったのか、なぜ納豆という名前になったのか」という疑問について調べたり、図書館を訪れたり、取材したり、七転八倒した過程を書きます。もう少しだけ、お付き合いいただけると幸いです。

4　豆腐と納豆の名前の由来って何なんだろう?

まずは豆腐がいつ、どうやって日本にやってきたのか、というところから調べてみました。日本には奈良時代、遣唐使によって伝えられたとされていますが、明確な記録は残っていないようです。食物史学者・篠田統《おさむ》が書いた『豆腐考』によると、日本最初の豆腐の記録は、遣唐使の時代よりずっと下って寿永2年（1183年）に春日大社の神主・中臣祐重《なかとみのすけしげ》の日記にある「春近唐符《とうふ》一種」という記述だとされています。

それでは中国ではどうでしょう。中国における最初の豆腐の記録は、10世紀・宋《そう》の『清異録《せいいろく》』にある「副知事が羊肉の代わりに豆腐を食べていた」という主旨の記述だとされています。しかし、それから約600年後、16世紀の『本草綱目』には、紀元前2世紀・前漢の淮南王《わいなん》劉安《りゅうあん》によって豆腐が発明されたと記されています。劉安は漢の初代皇帝・劉邦の孫で、思想書『淮南子《えなんじ》』を編纂したとされる人物です。

果たして豆腐のはじまりは10世紀ごろか、紀元前2世紀ごろか、それとも他の時代か。どうも長引きそうな気配がしますね……！

続いて、豆腐の名前にまつわる通説を調べると色々出てきます。最も有力なものとして「豆腐の『腐』は中国語で『柔らかい』という意味がある」という説です。これはとても興味深いですし、中国語の語義が名前につながっているなら納得感も十分です。しかし、中国で最も権威のある辞典『現代漢語詞典』を開いてもそんな語義は見当たりません。中国最古の漢字辞典『説文解字』にも見当たりません。さらに北京から来た留学生の陶くんに尋ねてみると「そんな意味は聞いたことがない」と言われました。うーん、中国語話者にもわからないのか……。

あっと言う間に行き詰まってしまったので、気分を変えて納豆の名前の由来を調べてみました。四川から来た留学生の李さんは「はっきりわかりませんが、おそらく納豆は日本由来の食べものだと思います」と話してくれました。それなら豆腐より早く調査が終わるだろうと推測していたのですが、そう簡単にはいきません。調査も長く糸を引きました。なぜなら、納豆の名前に関する諸説があまりに多すぎたからです。

納豆の名前の由来を考えるとき、僕はまずその名から「納める豆」を連想しました。考えてみると、豆腐だけでなく納豆も容器に収納されています。あの特徴的なワラに包まれた納豆も、プラスチック容器に入った納豆も、収納してある点では一緒です。他にも「神に納める豆」という解釈もあります。神棚の稲ワラに煮豆がついて納豆になったみたいな伝説はあちこちに残っていますが、諸説はこれだけではありません。

それに、名前の由来だけでなく、発祥の由来だってたくさんあるのです。西暦600年、聖徳太子が今の滋賀県にある笑堂《わらどう》という場所で馬に煮豆を食べさせ、残ったものをワラに包んで木につるしていたら納豆になったという説。1050年、八幡太郎《はちまんたろう》義家（源義家）が反乱をしずめるために京都から岩手に進軍したときに、馬の背中に乗せていた俵の煮豆が納豆になったという説。1185年、敗れた平家が栃木県の鬼怒川地方に逃げ隠れたときに、馬の背中に乗せていた俵の煮豆が納豆になった説。1592年、加藤清正が朝鮮で戦った「文禄《ぶんろく》の役《えき》」のときに、馬の背中に乗せていた俵の煮豆が納豆になった説など、もはやコピペを疑うほど似通った伝承が各地に存在します。これらの元祖、本家的な自慢は、それぞれの文化圏で自由に伝わってきました。「あの有名な人も食べていたんだよ」と子どもに納豆を食べさせる口実として広まった側面もあるのではないでしょうか。各地で納豆が保存食として重宝されていたことも推測されます。

あまりの説の多さと信憑性のなさに調査を諦めかけたとき、唯一、出典が明らかな主張を見つけることができました。「納豆は納所という寺の台所で造られたことに由来する」というものです。原典は1697年に書かれた百科事典の『本朝食鑑』です。こんなに原典に感謝したことは初めてです。期待を胸にさっそく確認してみると、とてもかっこいい筆文字で「納豆は納所という寺の台所で造られたので納豆といいます。ただし、人から聞いた説なので結局よくわかりません」という旨が書かれていました。わからんのかい。

こうして納豆の調査も行き詰まりました。まったく答えが見つかりません。悩んだ末に田中さんに相談すると、「直塚くん、そらそうや、君が一人でちょこちょこ調べてもわかるかいな。図書館だって限界あるわい。その道の人に会いに行けや」と激しくツッコミが入りました。ここまでは序章に過ぎなかったのです。

そうした経緯で取材を申し込んだのは、一般財団法人 全国豆腐連合会（全豆連）と、全国納豆協同組合連合会（納豆連）と、名古屋大学の横山智先生です。今回のテーマをお伝えすると、みなさん快く対応してくださいました。

5 全国豆腐連合会の青山さんと事務局の方に伺ってみました

最初にお話を伺ったのは、一般財団法人 全国豆腐連合会（以下、全豆連）です。全豆連は80年以上の歴史を持ち、500社以上の会員が加盟している豆腐の業界団体です。豆腐の品評会や一般消費者に向けたイベントを定期的に開催するなど、豆腐製品の振興・発展に係る活動や事業者のサポートに積極的に取り組んでおられます。

全豆連事務局のご厚意にあずかり、東京の上野にある全豆連の事務所に直接伺うことができました。緊張しつつ扉を開けると、事務局の方と相談役の青山隆さんが出迎えてくださいました。奥の応接間に入ると、壁際にズラリと並んだあらゆる種類の瓶入りの大豆たちにまず驚かされます。

今回、疑問に答えてくださる相談役の青山さんはご自身も豆腐店を営まれ、さらに日本初の大型豆腐工場の操業に携わった方です。「相談役に知らないことはない」と事務局の方がおっしゃいます。僕の拙い質問にも、写真や資料を使って丁寧に説明してくださいました。

「みなさんは豆腐といえば、今売られているものをご覧になると思います。しかし、豆腐の作り方は時代によって変わってきております。これまでの豆腐の作り方をよく知っている人と、今の作り方しか知らない人では、豆腐がどういうものなのかまるっきり違う考えになると思うんですね」

取材がはじまるなり、僕はドキッとしました。昔ながらの豆腐の作り方をまったく知らなかったからです。古来、日本では海水から塩を作った後に残る塩化マグネシウムを主成分とする「にがり」を凝固剤として豆腐の製造を行ってきましたが、他にも豆腐の凝固剤はさまざまです。現在の日本ではにがりで固める方法が一般的になりましたが、発祥地とされる古代中国まで歴史をさかのぼれば、山羊《やぎ》のミルクを固めて作った乳製品と同じ手法で豆乳を固めていたのではないかと青山さんはおっしゃいました。

山羊のミルクを固めて作った乳製品……？　つまり、チーズやヨーグルトのようなものでしょうか。だけど、ミルクを微生物によって発酵・熟成させてつくるものと、豆腐の製法が近しいと言われてもうまく想像が出来ません。……いや、それもその筈《はず》で、僕はそもそも豆腐が固まる原理をまったく知りませんでした。

調べてみると、豆腐の固め方には、2価のマグネシウムイオン（Mg^{2+}）やカルシウムイオン（Ca^{2+}）が大豆たんぱく質と結合して固まる「塩凝固」と、大豆たんぱく質を等電点に近づけて固める「酸凝固」があることがわかりました。現在、一般的なにがり（塩化マグネシウム$MgCl_2$・$6H_2O$）で豆腐を固める方法は「塩凝固」にあたります。もう一方の「酸凝固」は豆乳のpHを等電点に近づけて凝固を起こすやり方で、ミルクをヨーグルトやカッテージチーズにする製法と同じです。正しい原理を知れば、謎は解けていきます。

「実践的な知識を習得しなければ、なかなか豆腐の本当の意味は見えてこないでしょう」という青山さんの言葉が刺さります。

そして、そんな「酸凝固」で豆腐を固める凝固剤のひとつに、「ゆ（湯）」と呼ばれるものがあります。お湯ではありません。その正体は、豆腐の製造中に分離した黄色い豆腐の絞り汁を一晩放置して「乳酸発酵」させた水です。豆腐に関する基礎知識から専門的な領域までを網羅した『豆腐読本』にも「乳酸発酵凝固剤」として明記されています。中国の田舎やインドネシアでは今でもこの方法で豆腐を作る地域があり、こうやって腐った水に近しいもので豆乳を固める方法が、にがりで凝固させる今の方法よりも、「豆腐」という言葉が成立した時代の方法に近いだろうと青山さんはおっしゃいました。

予定されていた時間はあっという間に過ぎました。事務局の方もたびたび補足説明を加えてくださり、お二人から豆腐の歴史や食文化の変遷を教えていただいただけでなく、美味しい豆腐を食べてほしいという熱い想いも伝わってきました。「豆腐だったらなんでもいいんだというような消費者さんが多くなってしまったら、美味しい豆腐はなくなっていきます」と事務局の方は別れ際におっしゃいました。重い言葉です。

生涯を豆腐職人として過ごされた青山さんのお父様は「一生で一回くらいしか自分の気に入った豆腐はできたことがない」と語っていたそうです。青山さんはそのような品質のバラつきをなくすために、化学や工学の観点から製法の確立を目指してきました。自らが開発した機械生産式の豆腐が、昔ながらの豆腐づくりに迷惑をかけてしまったかもしれない、と自責の念も吐露されていましたが、僕はそこに、豆腐と真摯に向き合い続けた青山さんのお人柄があらわれているような気がしました。豆腐にかける思い。お二人とお会いできて光栄でした。全豆連を後にするとき、深々と頭が下がる自分に気がつきました。

6　納豆連の広報担当の方に伺ってみました

続いてお話を伺ったのは、全国納豆協同組合連合会（以下、納豆連）です。納豆連は60年以上の歴史を持ち、現在98社が加盟する業界団体です。納豆PRセンター、研究部会、流通部会、青年同友会などさまざまな観点から納豆の普及活動に努め、品質向上のための鑑評会の開催などに取り組まれています。

今回、納豆連の広報担当の方にお話を伺いました。リモート取材となりましたが、納豆について語る熱が画面越しに伝わってきました。特に驚いたのは、紹介していただいた「納豆×○○」のレシピがあまりに多いことです。カレーやキムチだけでなく、ラー油やパルメザンチーズ、さらにはヨーグルトやバニラアイス（！）を合わせて食べた経験があると聞いてひっくり返りました。乳や油は納豆と相性抜群だそうです。初耳でした。

「納豆道」とも言うべき納豆の食べ方の流儀のお話や、納豆連が毎年開催する納豆鑑評会のお話など、思わず時間を忘れるほど聞き入ってしまいました。特に印象深かったのは「美味しい納豆とはなんでしょう？」という僕の大雑把《おおざっぱ》な質問に対して、「適正な発酵管理がきちんとなされている納豆です」と断言されたことです。着眼点の違いに驚きました。昔の納豆のほうが美味しかった、という意見もあるそうですが、実際の品質は今に比べて遥かにまばらで、発酵具合も一定ではなかったそうです。「納豆は生き物であり、天候やその日の湿度や温度で発酵の具合は微妙に変化するんだ」と力説される納豆店もいらっしゃるとのことでした。経験や勘にできる限り頼らない製造方法の確立について、適宜情報交換をしながらノウハウを蓄積する場所こそ納豆の鑑評会、ひいては納豆連の意義はその場を創り出すことであるそうです。それでも、一般には昔ながらの発酵の進んだ納豆を好む人は一定数おり、そのような人たちと意見を交わすことも面白いと笑顔でおっしゃっていたのが印象的でした。

ところが、これほど納豆のことに精通された方でさえ難しい表情を浮かべたのが、納豆の由来にまつわるお話でした。少しの沈黙の後に、ゆっくりと表現を選びながらおっしゃいました。

「これはねえ、難しいんですよ。……寺納豆をご存じですか？　唐《から》納豆とか塩辛納豆とか、糸を引かないけど納豆と呼ぶものがあります。それらは中国の豆鼓《トウチ》と呼ばれる食べものが元になっていて、ネバネバの糸を引く納豆とは別の食べものです。ところが文献では、糸を引くものと引かないものが区別されずに『納豆』と書かれています。もしかすると、はじめは寺納豆が『納豆』と呼ばれて、糸を引く納豆は別の名前で呼ばれていたのかもしれませんが、文献からそこまで読み取ることはできないんです」

寺納豆はかつてお寺で味噌《みそ》や醤油《しょうゆ》と同じ調味料としてつくられ、現在では茶菓子などにも使われています。ほかにも塩辛納豆・唐納豆・大徳寺納豆などいろいろな名前で呼ばれていますが、一般的に「納豆」と呼ばれる糸引きの納豆とは別の食べものです。日本には奈良時代に唐僧・鑑真が経典と共に、豆豉の一種である「鹹《かん》豉《し》」という食べものを持ち込んだことが『唐大和上東征伝《とうだいわじょうとうせいでん》』に記されています。そして、平安時代の『新猿楽記』に「納豆」という言葉がはじめて文献にあらわれるのですが、そこで書かれた「納豆」は、特徴の描かれ方から寺納豆を示すのではないかと推測されています。それを踏まえて、お話は続きます。

「源平合戦をモチーフにした室町時代のおとぎ話に『納豆太郎糸重』というのが出てきます。粘り強さがあるとか総大将に相応しいとか、『しらいとおどし（白糸威）』の鎧《よろい》を着ているとか、これは確実に糸引き納豆のことです。おとぎ話の主役にされるくらいですから、この時代の糸引き納豆は子どもにもわかるほど人々に馴染《なじ》んでいて、『納豆』という言葉が糸引き納豆を示すことも珍しくなかったのでしょう。そうすると、寺納豆との区別がさらに難しくなってしまいます」

どうして糸引き納豆の記録はそんなに残っていないのでしょう。続けてその理由を伺うと「たぶんですね、昔の納豆は美味しくなかったんですよ」という衝撃発言が！　思わずひっくり返りそうになりましたが、これまでの話を踏まえると謎が解けました。馴染み深い美味しいおかずとしての納豆は、ごく最近生まれた価値観なのです。適切な発酵管理がなされていなかった、冷蔵物流がなかった時代の納豆は、交易が閉ざされた雪深い冬の里で飢えをしのぐための貴重なたんぱく源でした。簡単に作ることができ、比較的保存も楽で家庭での保存もしやすかった納豆は、「日常」すなわち「ケ（褻）」の食べものとされ、記録に残ることは少なかったようです。

1時間の取材はあっと言う間に終わりました。お話を伺うことができて本当に良かったです。後日、勇気を出して「納豆×バニラアイス」に挑戦してみると、トルコアイスみたいで意外と美味しかったです。新しい美味しさの発見と、納豆の楽しみ方を教えていただきました。僕もこれから「納豆道」の探究を続けます。本当にありがとうございました！

7 名古屋大学の横山先生に伺ってみました

最後にお話を伺ったのは、名古屋大学の横山先生です。横山先生は人文地理学者として東南アジアやヒマラヤ地域で現地の焼畑調査などを行うかたわら、その地域の納豆についての研究をライフワークにされています。『納豆の起源』（NHK出版）や『納豆の食文化誌』（農山漁村文化協会）といったご著書があり、文献調査の時はどちらも拝読しました。

今回も納豆連の取材時と同様、リモートでお話を伺いました。横山先生は「納豆という日本語の由来には、私自身にあまりこだわりがなくて」と微笑みつつも、定説とされている「納豆は納所という寺の台所で造られたことに由来する」という説に補足を加えてくださいました。

「当時、お寺の台所で造られていたのは、おそらく麹菌《こうじきん》で発酵させた塩辛納豆です。これは糸引き納豆とは別の食べものですが、まず塩辛納豆が『納豆』と呼ばれ始めたのではないかと思います。しかし、当時の人は微生物学の知識を持っていませんから、腐った豆はすべて同じだと考えていた可能性もあります。きっと塩辛納豆をつくる麹菌と糸引納豆をつくる枯草菌の区別まで考えていなかったでしょう。そのため両方とも特に区別されることなく、違いが分かった今も『納豆』という名前が残ったままになっているのではないかと思います」

横山先生は東南アジア地域やヒマラヤ地域を巡り、各地の発酵大豆を見てこられました。話題は自然とフィールド調査のお話になっていきます。僕は先生のご著書で、ラオスには「トゥアナオ」という納豆に似たものがあると知り、とても興味を持っていました。

そこで取材中に「ラオスのトゥアナオについて、もう少し知りたいです」と尋ねると、「ラオスの、という言い方は厳密にはできないんですよ」とご指摘をいただきました。

「なぜなら〝トゥアナオ〟というのは、地域的にはラオス北部にしかみられない食べものだからです。まあ説明する時にはラオスの納豆みたいなもの、というしかないんですが、私たちはそこに住む〝ラオス系の人々〟とか〝ヒマラヤのネパール系の人々〟とか、民族主体で物事を見ています。離れた土地でも発酵大豆を〝トゥアナオ〟と呼んでいれば、そこはもともと同じ民族だったということですから、名前を探ることは重要なんです」

国境は人間が引いたもので、地域や民族を考えるときにはそれを抜きにすることが必要です。僕は単に名前を知るために名前を調べていたのに対し、先生は地域や文化に迫る手がかりとして名前の考察を行っていたのです。先生のご著書も読み込み、念入りに準備していたつもりでしたが、自分の視点がいかに狭く閉じていたかを思い知らされました。

さらに話は意外な方向へ転じます。先生がふとおっしゃった「私と親しい文化人類学者の方は、カヤを探していて」という言葉が気になりました。思わず「カヤって、かやぶき小屋のカヤですか?」と尋ねると、「いえ、モスキートネットです」

と。……えっ、蚊帳!?

「アジアのある地域には、手製の蚊帳を嫁入り道具にする風習が残っていて、それを研究課題にしている方がいます。土着の蚊帳は、伝統的な文化や医療を考えるうえで重要な資料です。そして彼の調査地域には、私が納豆の調査で訪れることも多いので、お互いに研究の助けになりそうなものを発見したら連絡を取り合っています。彼だけではなく、ほかの研究者からも、この地域で納豆のようなものを見た、とか、今度ここに行くから納豆も探してみる、という連絡をいただいたりします。研究者のネットワークは本当にすごいんですよ」

僕はずっと圧倒されていました。どんどん世界が広くなるのを感じました。先生は終始笑顔でお話をしてくださいました。最後に、ご著書『納豆の起源』の話をお聞きしました。この納豆調査は、はじめ「趣味の調べもの」だったそうです。しかし、既に50カ所以上の調査を終えていたあるとき「学会で査読されて論文になる日を待っていられない」と感じ、出版を決意されました。そして、出版するなら読んだ人が現地を訪れることができて、追跡調査ができるくらいの正確さで書くことを強く意識されたそうです。しまいには編集者の方から「そこまでするんですか」と言われるほどの詳細なデータの掲載にこだわり、最後は足りないデータを求めて現地調査に出向き、その道中で執筆を進めていたと苦笑気味に話してくださいました。やっぱり研究者はすごい。取材後、こちらからの御礼メールへのご返信に「楽しかったです」と書かれていた時はとても嬉しかったです。本当にありがとうございました！

8　おわりに

取材を終えると、知らない場所にいました。ひとつの疑問が、知らない場所に僕を連れて来てくれました。全豆連の青山さん・事務局の方、納豆連の広報担当の方、横山先生とお会いし、それぞれの方の深い知識と経験が詰まったお話を通じて、「調べる」体験が書き換わりました。それは当初の疑問の結論が「わからない」からではなく、疑問が思わぬ方向へ転がり、予期せぬ発見に出逢《であ》ったからです。知識が広がって、広がって、広がり続けました。

告白すると、僕ははじめ、「納豆と豆腐の名前って逆じゃない？」という疑問を「すごくどうでもいいじゃないか」と思うことが何度もありました。世の中にはより重要な課題があるし、やるべきことがある。それを見定めて書くことがライターの仕事なのではないかと思っていました。引き受けた依頼には真剣に向き合いなさいと、田中さんに散々言われていたのに、それができていませんでした。

しかし、調べるうちに「よくぞこれを残してくれた」と思う記録や、「よくぞこれを調べてくれた」と思う研究に出合ったこと。「腐って何画だっけ」と思いながら中国語の辞典を引き、埃《ほこり》を被《かぶ》った専門書を手掛かりに、古い史料から漢字を見つけ出したこと。取材に行き、素朴な疑問をぶつけ、真剣に向き合う方々のお話を聞いたこと。そんな知識の発見、知的体験、それを何とか伝えることが、きっとライターの仕事なのだろうと今は感じています。

僕はこの約1年でプロのライターの心構えを学びましたが、もちろんすべて身に付いているわけではありません。簡単に身に付くものではないことを最終課題に取り組みながら痛感しました。スタートラインに立つことくらいはできたでしょうか。

依頼をくださった方々や、取材を受けてくださった方々のご期待に応えることができていれば良いなと思います。

【参考文献】

・白川静『新訂 字統』（平凡社／2007）
・白川静『字通 普及版』（平凡社／2014）
・中国社会科学院語言研究所詞典編輯室 編『現代漢語詞典 修訂第3版 増補本』（商務印書館／2002）
・相原茂 編『講談社中日辞典』（講談社／2010）
・横山智『納豆の起源』（NHK出版／2014）
・横山智『納豆の食文化誌』（農山漁村文化協会／2021）
・横山智 編・著『世界の発酵食をフィールドワークする』（農山漁村文化協会／2022）
・全国納豆協同組合連合会 監修／宮崎祥子 編『調べる学習百科 納豆の本』（岩崎書店／2020）
・フーズ・パイオニア 編『納豆沿革史』（全国納豆協同組合連合会／1975）
・町田忍『納豆大全 愛すべき伝統食品の謎を解く』（角川書店／2002）
・高野秀行『謎のアジア納豆 そして帰ってきた〈日本納豆〉』（新潮社／2016）
・小泉武夫 監修『日本全国 納豆大博覧会』（東京書籍／2010）
・人見必大 著／島田勇雄 訳『本朝食鑑』（平凡社／1976）
・全国豆腐連合会編『知っているかな とうふのひみつ』（全国豆腐連合会／2016）
・豆腐検定検討委員会 監修『豆腐読本』（全国豆腐連合会／2014）
・篠田統『中国食物史』（柴田書店／1974）

・週刊朝日百科 通巻387号『雑穀とマメの文化』（朝日新聞社／1983）
・中尾佐助『料理の起源』（日本放送出版協会／1972）
・中尾佐助『栽培植物と農耕の起源』（岩波書店／1966）
・星川清親『栽培植物の起原と伝播』（二宮書店／1987）
・石毛直道『日本の食文化史 旧石器時代から現代まで』（岩波書店／2015）
・宮本一夫『東北アジアの初期農耕と弥生の起源』（同成社／2017）
・作 雁屋哲／画 花咲アキラ『美味しんぼ（1）』（小学館／1984）
・作 雁屋哲／画 花咲アキラ『美味しんぼ（8）』（小学館／1986）
・うえやまとち『クッキングパパ（15）』（講談社／1989）
・うえやまとち『クッキングパパ（16）』（講談社／1989）

【参考論文】

・篠田統「豆腐考」『風俗：日本風俗史学会会誌』（1968）
・松崎修「『豆腐』の名称由来について」『会誌 食文化研究』（2009）

【参考HP】

・一般財団法人 全国豆腐連合会HP（http://www.zentoren.jp/）
・全国納豆協同組合連合会HP（https://www.natto.or.jp/index.php）
・横山智（https://www.geog.lit.nagoya-u.ac.jp/yokoyama/）
・カラー写真『納豆の起源（NHK出版）』（https://www.geog.lit.nagoya-u.ac.jp/yokoyama/natto.html）
・国立国会図書館オンライン（https://ndlonline.ndl.go.jp/#!/）
・国書データベース（https://kokusho.nijl.ac.jp/?ln=ja）
・早稲田大学図書館 古典籍総合データベース（https://www.wul.waseda.ac.jp/kotenseki/）

・中国哲学書電子化計画（https://ctext.org/zh）

【古資料】
・『説文解字』
・『清異録』
・『新猿楽記』
・『本草綱目』
・『本朝食鑑』
・『精進魚類物語』

【取材協力】
・一般財団法人 全国豆腐連合会　青山隆様　事務局様
・全国納豆協同組合連合会 様
・名古屋大学大学院環境学研究科・研究科長・教授　横山智様

パチパチパチパチ……!!　拍手!!

ありがとうございます。

僕自身、八方美人なところがあって、最初は「誰からも文句を言われないように」っていうつもりで取り組んでいたんですけど、そう思うほど迷子になってしまいました。人の頭で考え、人の目を気にするのは苦しかったです。とはいえ正直に書こうとしたら、それはそれで読者を置き去りにするような斜に構えた感じが出てしまって……。

やっぱり、「人の頭で考えて、書いてはいけない（323ページ）」ということやね。

本当にそうですね。

読んでくれる人たちに向けて、ひたすら素直に言葉を綴っていくことを心がけたら、本当に素直に書き進めることができました。

直塚くん、ここまでよく付いてきてくれました。

長い間、本当にお疲れ様でした。そろそろ講義はおしまいです。

よく学び、多くを経験し、今、ようやくプロのライターとして出発点に立った君が、この先どんな道を歩んでいくのかはわかりません。

でも、この珍しい体験は確かに君の血肉となって、どんな道を選ぼうとも君の中に存在し続けるでしょう。この短期間のうちにやり遂げたことを自信に変えて、どうぞ今後も、おもしろおかしい人生を歩まれんことを。応援しています。

第7章で
一番大事なことを言います。

「わかったこと」だけを端的にまとめるだけでは、
「人に読ませる文章」にならない。
書いている自分も楽しくない。

書き始める前に、導入部（滑走路）を考えよう。
そのためには、設計図（どういう順番で、
何を書くのかをまとめたメモ）が必要。

「設計図」を書くときには、「読者と問題意識を
共有する」ことと、「滑走路から飛び立った文章を、
どう着地させるか」を意識しよう。

「自分自身の思考や感情」を前面に出していいのは
文章の終盤。クライマックスで「感動のへそ」由来の
サビを謳い上げるために、序盤、中盤は淡々と書こう。

ライターたるもの、一度依頼を引き受けた以上は、
後から「そもそもテーマがおもしろくないから、
おもしろく書けない」などとふてくされてはいけない。

講義は
終わるけど、
修業は続くで。

これからも
がんばります。

エピローグ

ライターに、なってしまった

しんどい。でも、楽しいから書ける

さて直塚くん、ついに君はライターになった。なってしまったね。

正直、あまり実感はないのですが、はい、なってしまいました。

選考で選んでいただいて、講義が始まってからの約1年間は、思えば怒濤《どとう》の毎日でした。今までは田中さんのコラムや小説をはじめ、プロのライターの方が書いたものを読む側だったのに、急に書く側に引っ張り上げられて……。それを期待して応募したのは僕自身なんですけど、いざ選ばれると即座には受け止め切れなくて、何度「これは本当に現実なのか?」と思ったかわかりません。

でも蓋を開けてみたら、本当なら5年や10年もの年月をかけて、右往左往したり七転八倒したりして身に付けることを、約1年間に凝縮して学ばせていただきました。

僕は重大な責任を感じていました。23歳の前途洋々な若者を、ライターなんてヤクザな世界に引っ張り込むわけだからね。本当にライターとしてやっていくかどうかは君次第だけど、僕は生半可な覚悟で向き合ってはいけないと思うと、畏れ多すぎて夜な夜な震えが止まりませんでした——というのは嘘で、よく寝ていました。

僕自身、一番追い込まれたのは、最後の課題の執筆に入ったころでした。お盆に帰省して両親と話している間も親戚と食事をしている間も「原稿、終わってないな」って。

ははは。まさしく盆暮れ関係なく仕事が追いかけてくる。それがライター稼業だということを、君は早くも体験してしまったんやね。まず曜日の感覚がなくなる。次に盆暮れの概念がなくなる。そしてやっと確保した休暇の旅行中にも、

資料だのパソコンだのを持ち歩いて、旅先の宿で真夜中に原稿を書いていたりする。

しっかり時間管理すれば週末、盆暮れ、休暇に仕事を持ち込まずに済むんでしょうけど、なかなか難しいのではないかと感じました。新幹線や飛行機の中で原稿を書くこともあるんですか？

大事なことを伝えよう。今日できなくても、明日の移動時間にやればいい――こんな風に、**明日の自分に期待してはいけない**。飛行機の中で書こう。しかし機内食を食ったら眠くなる。新幹線で書こう。しかし弁当を食ったら寝てしまう。それが人体の摂理。

寝てばっかりやないか。

ライターっていうのは、それでも何とか時間をやりくりして、書いて、書いて、書き上げてはクライアントに提出するという毎日を送ってるわけです。

やっぱりライターは、過酷な仕事ということなんでしょうか。

僕は肉体労働従事者、会社勤めのコピーライター、フリーランスのライター、会社経営者と、今までいろいろな仕事を経験してきたけど、書く仕事、つまりフリーのライターの仕事が一番しんどいと思った。でも、一番楽しいのも書く仕事なの。楽しくなけりゃ、こんなしんどいことやってられないっていうのは、多くのプロのライターに共通するんじゃないかな。**「楽しい」がベースにあるから、「いやー、しんどいわー」ってニコニコして言える**んや。

一次資料に当たるとき、人の話を聞かせてもらうときには、「何かおもしろいことがありそうだ」という予感で胸が高鳴る。そして必死こいて書いたら、それが媒体に載って公開される。自分の書いたものが掲載された雑誌や、時間をかけて書き上げた書籍の見本が自分の手元に届く。そのときの感慨といったら、何ものにも代えがたいものがある。

そして、修業は続く

僕がライターを目指して学んだ約1年間を、どうご覧になっていますか？

終始、熱心に取り組み、時には僕に食らいつき、大きな成長を遂げられました。中でも、少し進んでは戻り、また少し進んではまた戻り、最終的には大きく前進できたという印象が一番強かったのは、やっぱり最終局面の「素直に書くこと」やな。

なかなか人は素直になれない。「人からよく見られたい」という気持ちがあるからです。

けど、「人からよく見られたい」を「文章を書く」なんて面倒な方法で叶えようとするのは非効率的やねん。人からよく見られたいなら、腹筋を鍛えるとか、食事のカロリーを抑えるとか、いい服を買うとかしたほうが、文章を書くよりも100倍効果がある。

見た目を磨くということですか。たしかに心当たりがあります。実は最終課題で文章が素直になっていくにつれて、「いい服でも買うか」みたいな方向に意識が働き始めたんです。文章を通じて人を変えようとするのをやめて、とりあえず人としゃべりに行ってみればいいよね、普通に友だちに会いに行ったらいいよね、と。

そう。やっぱり素直になろうとする努力は大事だということやんな。

素直になれないと、素直じゃないところに何か技を持ち込もうとする。技を使うこと自体はいいんだけど、素直な心が根本にないと、おかしなことになるんや。

書く対象や読者との向き合い方、自分の思考や感情をどう表すかというところで、完全に素直になってみる。技を持ち込みつつも、感じよく見せるにはどうするか。

　振り返ってみると、公募の課題作文から始まり、自由課題のエッセイ、田所さんのインタビュー記事、そして「豆腐と納豆」の課題文まで——君が書いてきたすべてが、ここ、つまり「**まず素直になる。そのうえで技を足す**」ということに集約されると思う。

「素直さ」とは何か。永遠のテーマなんですね。「とにかく素直に書く」ということを学んだおかげで、僕は、文章を書くときの悪いクセが抜けたと思います。以前は、誰かや何かに対するカウンターみたいにしてものを書く意識が強かったんです。
　でも「素直に書くこと」を学ぶうちに、「これは、なんか違う」と思えてきたんです。
　調べたことや伺った話に対する感動、自分自身の思考の流れを追うことで見えてきたものなどを、自分の中から押し出して書くことが大事だと思うようになりました。

その感覚はすごくよくわかります。そういう意味では**「書くこと」は武術にすごく似てる**と思う。若い人は体を鍛え、練習を積んで、「みんなぶっ倒してやる」とか「俺のほうが強いんだ」とか思いがちだけど、それだとただのチンピラやろ。

「書くこと」は武術みたいなもの……。

人と人が向かい合って、拳や蹴りを交わし合う。それはどういうことかと常に自分に問いながら技を磨くことが武術の本質ならば、「誠実に対象と向き合い、素直に書く」「素直に書いた上で技を足す」という話や、さっき君が言った「外側に対するカウンターではなく、自分の内側から押し出して書く」という話と相通ずるものを感じる。
　知らんけど。武術の経験は1ミリもありません。

カウンターの意識そのものは消えていないんですけど、それを原動力にして書く意識は自然と消えていきました。それはよかったと思います。

それが「いいライター」のスタートラインや。「書いて人に見せる」というのを自己承認の手段と捉えて、「どうだ、おもしろいだろう」なんて書いても、いいことは何もない。まずは、100%素直に書く。ただ、それだけだとおもしろくないかもしれない。そこでようやくボケや脱線などの技術を足せる段になってくるねん。

ライター修業の道はまだまだ続きますね。

僕のほうこそ、教えることが学びとなりました。これからもなんでも、訊《き》いてください。人という文字は人間が支え合っている姿を描いているのだから。

違う言うてたやないか。

　ここで学んだことを糧として、今後も学び続けていきたいです。約1年間、本当にありがとうございました。

しんどい道やで。

しんどい道ですか。

しんどいけど楽しい道や。
また会いましょう。そして文章の中でまた会おう。

おわりに

皆さん、『「書く力」の教室』を最後まで読んでくださり、ありがとうございました。

ここまでくるのに350ページ以上。本当にお疲れ様でした。

僕がプロのライターである田中泰延さんのもとに弟子入りするところから、まずは自由課題であるエッセイの執筆。そして、ひろのぶと株式会社よりご依頼を賜った、書籍『スローシャッター』リーフレットに掲載する原稿の作成。さらに、SBクリエイティブ株式会社よりご依頼を賜りました「豆腐と納豆」をテーマとする原稿の作成。ライターのOJTを収録した本書は、皆様の目にどう映ったでしょうか。

僕自身は、このプロジェクトに加わる前と後で、人生が大きく変わりました。田中さんを知ったきっかけは、田中さんのご著書『読みたいことを、書けばいい。』を読んだことでした。あの日、本の向こう側にいた憧れの方と、こうして一緒に本を出版させていただけたことが夢のようです。

本の制作は、ずっと楽しかったです。もちろん、自分の書く力を見つめる過程に、迷いや不安がなかったわけではありません。しかし、それを凌駕する素晴らしい出会いと、貴重な経験に恵まれ、成長を実感することができました。本当に、よい1年でした。

このプロジェクトに加わらせて頂いたことをきっかけに、書いた文章が多くの方々の目に留まり、信じられないほどたくさんの応援の言葉をいただきました。現役の編集者である小倉さんや、プロのライターである福島さんと一緒にお仕事をさせて頂けたことも大切な宝物です。

約1年間の講義を終え、僕は、ライターとして数え切れないほど成長の機会を頂戴したと思います。しかし、今でも頭を抱えるほど難しいなと感じるのは、「素直になる」ことです。書き手の素直さが表れた文章は、読み手の心に届きます。ですが、素直な気持ちを文章に表現することは至難の業です。ライターとしてクライアントからお金をいただき、継続的にそれを再現する必要があるとなれば、なおさら難しいでしょう。

「まず素直になる。そのうえで技を足す」

田中さんがエピローグで話してくださったこの言葉を指針にして、これからも頑張ろうと思います。教わった心構えや技術は、ひとりよがりになるのではなく、他者を蔑《ないがし》ろにすることもなく、「私はここにいる」と、静かに書くためのものでした。

最後に、田中泰延さん、編集の小倉碧さん、口頭での講義をすべて文章にしてくださったライターの福島結実子さん、『スローシャッター』の著者である田所敦嗣さん、ひろのぶと株式会社の廣瀬翼さん、加納穂乃香さん、上田豪さん、名古屋大学の横山智先生、全国豆腐連合会様、全国納豆協同組合連合会様、装丁・本文デザイン・イラストを手掛けて頂いた有限会社文平銀座様、寄藤文平様、カバーや本文へ掲載する写真を撮影して頂いたカメラマンの稲垣純也様、校正・校閲をご担当いただいた有限会社あかえんぴつ様、本文のＤＴＰをご担当頂いた有限会社エヴリ・シンク様に深く感謝申し上げます。

本当にありがとうございました。

２０２３年11月吉日

直塚大成

田中泰延　**たなか・ひろのぶ**

ライター。1969年大阪生まれ。早稲田大学第二文学部卒。1993年株式会社 電通入社。24年間コピーライター・CMプランナーとして勤務。2016年退職、「青年失業家」を自称し、ライターとしての活動を開始。2019年、初の著書『読みたいことを、書けばいい。』（ダイヤモンド社）を刊行。2020年、出版社・ひろのぶと株式会社を創業。2021年、著作第二弾『会って、話すこと。』（ダイヤモンド社）を上梓。

X（旧・Twitter）:@hironobutnk

直塚大成　**なおつか・たいせい**

長崎県長与町出身。九州大学大学院修士2年。2022年、ライター志望者に文章術を教える書籍『「書く力」の教室』（SBクリエイティブ）のオーディションに応募。総勢67名の応募者の中から合格者として選ばれる。

X（旧・Twitter）:@taisei_box0214

1冊《さつ》でゼロから達人《たつじん》になる

「書《か》く力《ちから》」の教室《きょうしつ》

2023年12月25日　初版第1刷発行

著　者　田中泰延《たなかひろのぶ》・直塚大成《なおつかたいせい》

発行者　小川 淳

発行所　SBクリエイティブ株式会社

〒106-0032　東京都港区六本木2-4-5

電話：03-5549-1201（営業部）

装丁・本文デザイン　文平銀座

イラスト　寄藤文平

写　真　稲垣純也（カバー写真、本文P2〜3、P10〜19）

田中泰延（本文P278、P302）

校正・校閲　あかえんぴつ

DTP　エヴリ・シンク

編集協力　福島結実子（アイ・ティ・コム）

編　集　小倉 碧（SBクリエイティブ）

印刷・製本　シナノ パブリッシングプレス

本書をお読みになったご意見・ご感想を

下記URL、またはQRコードよりお寄せください。

https://isbn2.sbcr.jp/15185/

落丁本、乱丁本は小社営業部にてお取り替えいたします。定価はカバーに記載されております。

本書の内容に関するご質問等は、小社学芸書籍編集部まで必ず書面にて

ご連絡いただきますようお願いいたします。

ISBN 978-4-8156-1518-5